KB234820

백년 음식점

일년 음식점

백년 음식점 일년 음식점
음식점 장수창업 노하우 98

2016년 5월 10일 초판 인쇄
2016년 5월 17일 초판 발행

저자 이상화 **발행자** 박흥주 **영업부** 장상진 **관리부** 이수경
발행처 도서출판 푸른솔 **편집부** 715-2493 **영업부** 704-2571 **팩스** 3273-4649
주소 서울시 마포구 삼개로 20 근신빌딩 별관 302
디자인 여백 커뮤니케이션
등록번호 제 1–825

© 이상화 2016
값 19,000원
ISBN: 978-89-93596-64-9 (13320)

백년 음식점 일년 음식점

음 식 점
장 수 창 업
노 하 우
98

이상화 지음

푸른솔

서문

10명이 창업하면 3년 만에 5명만이
5년 안에 2명만이 살아남는다고 하는데
장수하는 음식점을 창업하려면 어떻게 해야 할까요?

　창업을 앞두고 있다면 참으로 고민이 많을 수밖에 없는 상황입니다. "혹시 잘못되어 우리 애들 밥이라도 굶기면 어떡하지? 망해서 대출금마저 날리면…" 1999년 저도 밤잠 설치면서 이러한 고민 끝에 현재 회사를 창업했기에 창업을 앞둔 분들의 심정을 압니다. 그 고통을 이해합니다.

　꼬박꼬박 12년 동안이나 월급 받던 안정적인 대기업에서 나와 창업한다는 것이 쉽지 않았습니다. 불안한 마음, 실패에 대한 두려움, 그리고 하루에도 몇 번씩 주저하는 마음이 왔다 갔다 하며 저를 짓누르고 있었죠.

1999년 그때 IMF 이후 쏟아져 나온 직장인들이 너도나도 음식점을 차리고 나서 얼마 지나지 않아 실패하는 사례를 보면서 안타까웠습니다. 제가 지금까지 일해 왔던 마케팅적 경험을 접목시킨다면 실패하지 않을 텐데 하는 간절한 마음이 일었습니다.

직장을 그만두기 전 창업을 주저하던 중 숙대입구 전철역에서 호떡 노점을 먼저 해보았습니다. 먼저 저를 테스트해보자는 심정이었습니다. IMF 사태로 부도난 친구와 함께 호떡 장사를 시작했습니다. 직장 일 마치고 저녁에 가서 호떡을 굽고 팔아보았습니다. 한 달에 200~300만원 벌이가 되더라고요. 그때 자신감을 얻었습니다. '혹시 잘못되면 호떡 장사라도 하지'라는 심정으로 회사를 과감히 정리하고 음식점 창업요리 맛전수와 창업 컨설팅을 전문으로 하는 (주)맛깔 회사를 창업했습니다.

그 이후로 샤브샤브 칼국수, 삼겹살, 돈가스, 해물탕, 설렁탕, 갈비 등 다양한 음식점 500여곳 이상을 컨설팅으로 창업시켜 주고 3,500여명의 창업자에게 다양한 전문 음식점의 맛 비법을 전수해주었습니다.

그때의 창업 컨설팅 경험을 통해 저는 누구보다도 음식점의 성공 노하우와 실패 원인을 몸소 느꼈습니다. 이러한 경험과 지식을 밑거름 삼아 2004년에 맛깔참죽 브랜드로 죽 전문점 가맹사업을 시작했습니다.

초보 창업자들에게 쉽고 편한 음식점, 소자본으로 창업이 가능한 음식점,

그리고 각종 식재료 파동에도 영향을 받지 않는 웰빙 아이템으로 좋을 것 같다는 생각 끝에 죽 전문점 맛깔참죽 브랜드를 런칭해서 현재 해외 매장 2곳을 포함해 140곳의 매장을 갖춘 가맹 본사로 키웠습니다. 2014년 3월부터는 일산에 가맹 본사 직영 물류센터와 직영 죽 제조공장까지 갖춘 맛깔참죽 통합센터가 점주님들이 장사를 잘하도록 지원하고 있습니다.

이 책은 요즘처럼 어려운 상황 속에서도 오래오래 유지하는 맛깔참죽 죽집을 창업한 점주님들의 장수창업 경험이 녹아 있는 기록입니다. 단지 장사 노하우를 다룬 책이라기보다는 맛깔참죽을 오픈해서 운영하는 사장님들의 생생한 현장 경험과 맛깔참죽 직원들의 애쓴 노력이 담긴 흔적입니다.

이 책은 뭘 해도 성공하는 사람들, 즉 창업에 성공하는 사람들의 마인드, 죽집 서비스 고객응대, 죽집 장사비결, 죽집 상권 점포, 죽집 홍보 마케팅, 죽집 실전창업 정보, 그리고 맛깔참죽 점주님들의 운영사례를 내용으로 합니다. 그렇다고 죽집 창업자만을 위한 책은 아닙니다. 죽집 창업과 운영사례를 통해 일반 자영업 창업에도 장수 운영의 노하우가 똑같이 적용됩니다. 성공의 핵심은 업종에 상관없이 서로 통하기 때문입니다. 모든 내용이 철저히 현장 경험과 사례 중심으로 이루어져 있기 때문에 정확히 말하자면 이 책의 저자는 전국의 맛깔참죽 사장님들이고 맛깔참죽 직원들입니다. 그분들에게 감사드릴 뿐입니다. 아울러 기존에 제가 쓴 음식점 창업 책 3권을 출간해주시고 이번에도 이 책을 만들어주신 푸른솔 출판사 박홍주 대표와 직원들에게도 감사드립니다.

긍정으로 실행해보세요. 반드시 성공합니다. 제가 직접 경험해보았습니다. 양파 두 개를 물컵 위에 나란히 놓고 한 양파에게는 매일 "사랑해! 좋아~"라고 말해주었습니다. 또 다른 양파에게는 "너 미워"라고 매일 부정적인 말을 퍼부었습니다. 긍정적인 말과 부정적인 말을 들은 양파 간의 차이는 어땠을까요? 믿지 못할지도 모르겠지만 부정적인 말을 들은 양파보다 긍정적인 말을 들은 양파가 싹이 먼저 트고 잘 자라는 것을 경험했습니다. 얼마 있다가 우리 딸아이도 똑같은 실험을 해보았습니다. 결과는 똑같이 긍정의 메시지를 들은 양파가 싹이 먼저 트고 잘 자랐습니다.

말을 알아듣지 못하는 양파도 이럴 진데 하물며 우리는 어떻겠습니까? 창업자 여러분! 스스로에게 "난 잘할 수 있어. 성공할 거야!"라고 말해보세요. 매일매일 외쳐보세요. 그리고 실행해보세요. 반드시 성공합니다. 이 책을 통해 장수창업의 여러 노하우와 실전 지식을 얻는 것도 중요하지만 더 중요한 것은 긍정으로 창업하고 실행한 장수창업 대가들로부터 긍정의 에너지를 흠뻑 충전 받는 것입니다. 저도 지금 이 글을 읽는 독자님께 긍정의 메시지를 외쳐드릴게요. "사장님! 잘될 겁니다. 꼭 성공합니다. 사장님! 파이팅!!"

이상화

차례

chapter 5　죽집 상권 점포 - 상권분석 노하우는 따로 있다

chapter 6　죽집 홍보 마케팅 - 죽집 마케팅은 따로 있다

창업 성공 마인드

이런 마음 자세라야
창업에 성공할 수 있다

창업이 뭘까요?

너무 새삼스런 질문인가?

한 컨설턴트 분이 묻고 답해주었다. "창업은 내가 할 수 있는 일을 찾는 것이다." 창업자들이 창업에 대해 막연하게 생각하고 있거나 돈 많이 벌겠다는 개념으로 접근하니까 대박의 허황된 꿈을 꾸거나 헛된 욕심을 부리면서 창업에 실패하게 된다는 것이다. 우리나라에서는 지나치게 자영업 창업이 많다고 한다. 현재 자영업자가 전국에 550만 명이 넘을 정도로 많아 경쟁이 치열하기 때문에 장사가 안되어 허덕인다고 한다. 외국보다 자영업자의 비율이 지나치게 높으므로 창업을 억제해야 한다고도 한다.

그런데도 창업자들이 왜 창업해야 할까?

바로 일자리가 없기 때문이다. 직장에서 일한다면 그 월급으로 음식점에 가서 음식을 소비해야 할 사람이 직장이 없기 때문에 바로 음식점이라는 직장을 만들어서 그 음식을 제공하는 사람으로 바뀌는 것이다. 내 일자리가 없으니 내가 직장(음식점)을 만들어 스스로를 고용하여 일하게 하는 것이다. 내 노동력의 가치가 약하다 보니 고용되지 못해서 내 돈(창업자금)을 들여 나를 고용하여 매월 수익으로 월급을 타가는 것이다. 이런 개념으로 창업을 생각한다면 대박의 헛된 욕심보다는 내 인건비 정도나 그 이상을 안정적으로 가져다주고 내가 잘할 수 있는 업종을 골라 창업하게 되어 훨씬 더 차분하게 실패 없는 창업을 할 수 있다.

창업은 바로 내 일자리를 만드는 일이다.

창업은 한순간의 로또처럼 대박의 꿈을 실현하는 것도 아니고, 쉽게 앉아서 돈 버는 편한 일도 아니며, 사장이기 때문에 자유롭게 그리고 군림하면서 일하는 그런 것도 아니다.

『더 시크릿』. 꽤 오래 전에 베스트셀러로 1위를 기록했던 책이다.

성공하는 상위 1% 사람들이 성공하는 법칙을, 목표를 달성하는 비결을 말해주고 있다. 이 법칙만 알고 그대로 할 수 있다면 누구나 상위 1% 성공자의 대열에 들어갈 수 있다. 내용의 핵심을 간단히 요약하면 다음과 같다.

- 1단계로 이루고자 하는 목표를 Ask(요구한다)
- 2단계로 반드시 원하는 요구에 Answer(응답한다)
- 3단계로 Receive(받는다)

천안의 한 두부집 사장님은 오픈 후 매출이 잘 오르지 않았다. 그 시점에서 다시 하루 100만원 매출을 1달러 지폐에 적어놓고 손님이 음식점에 꽉 찬 모습을 사진으로 찍어서 카운터 안쪽에 붙여놓았다. 매일매일 놓고 보면서 다짐했다. '100만원 매출!'

결과가 어땠을까? 목표를 카운터에 붙이기 전에는 '장사 안되니 종업원을 어떻게 줄일까, 식재료를 어떻게 줄일까' 하고 고민했었는데, 목표를 세워놓으면서는 '장사가 잘되게 하려면 더 친절하게, 더 맛있게 해야겠다'고 다짐하는 것으로 바뀌어갔다. 그에 따라 맛과 서비스가 개선되면서 그 두부집은 점점 손님이 늘었고 결국 하루 100만원 매출을 초과달성하게 됐다.

　창업자이든 음식점을 경영하는 사장님이든 지금 이 순간 원하는 목표를 기록하고 그 목표를 이룰 수 있다고 다짐하고 원하라! 그러면 반드시 이루어진다. 의심 없이 반드시 이룰 수 있다고 확신할 때 그 원하는 바가 이루어진다는 것이다.

　의심 없이 확신에 차 외쳐라!
　　"나는 하루에 100만원을 팔아서 월 3,000만원 매출을 이루어 월 900만원 수입을 얻어가아겠다"
　　"나는 이 가게를 운영해서 3년 안에 40평형대 아파트를 새로 사야겠다"
　　"나는 이 상권 안에서 가장 맛있는 집으로, 유명 명소의 음식점으로 만들겠다"

　자! 마음껏 원하는 대로 외쳐라! 그러면 이루어진다. 조금도 의심치 말라. 반드시 이루어진다. 바로 이것이 시크릿! 성공의 비밀이다.

최근 장사가 안되어 울상을 짓는 경우가 많다. 불경기 때문에 장사가 잘 안된다는 것이다. 그럼 이 말이 사실일까? 이 말의 진위를 가릴 수 있는 한 신문에 나온 자료를 보자.

2006년 2월 통계청의 가계수치 조사 결과나 2010년도 조사 자료나 그 이후 2015년도에 수시로 조사된 자료에 따르면, 도시 근로자의 외식비 지출액은 가구당 28~30만원 선으로 나타나고 크게 변화가 없다.

불경기라면 이 비용이 줄어야 하는데 그렇지 않다. 외식비 지출액은 전체 식료품비 지출액(56만5,416원)의 48.5%에 달했다. 이 비중은 1980년도에 4.1%에 불과했지만 1985년도 8.1%, 2001년도 43.3%에서 이제 거의 50%에 육박하는 수치로 늘어나 죽 이어지고 있는 추세이다.

우리가 불경기라고 하지만 외식비 비율은 늘어가고 금액도 변화가 없거나 조금 늘어가고 있음을 알 수 있다. 즉 외식은 불경기에도 이제 하나의 생활로 자리 잡힌 것이다. 맞벌이 부부와 1인 나 홀로 가구가 늘고 있어 외식을 할 수밖에 없고 가정에서 소량의 음식 조리로는 오히려 비용도 비싸고 조리 노동도 부담스럽다 보니 외식은 자연스럽게 라이프스타일로 굳어져가는 것이다.

이렇게 외식비는 늘어만 가는데, 그럼 왜 장사가 힘들다고 할까? 결국은 불경기가 아니라 지나치게 많은 음식점들과의 치열한 경쟁이 문제이고 남보다 경쟁에서 앞서는 경쟁력이 문제일 뿐이다.

우리 동네 상권 500m 반경에 치킨집 간판을 헤아려보니 12곳이고 보이지 않는 배달 치킨집까지 합하니 무려 25곳이다. 커피점도 마찬가지이다. 이곳저곳 우후죽순처럼 너무나 많이 생겼다. 커피도 수요가 늘고 치킨도 국민 한 명당 가장 많이 소비한다고 하지만, 이렇게 치열한 경쟁 속에서는 결국 서로 간 경쟁력의 문제이다. 이제 불경기는 핑계이다.

장사가 안되는 것은 결국 경쟁력이 약해서이다.

음식점 성공, 초기 3개월이 중요하다!

초보 창업자의 입장에서는 오픈하면 바로 대박 매출을 기대한다. 그러나 현재 손님이 바글바글 몰리는 대박 집들도 처음부터 그랬을까? 꼭 그렇지 않다. 아니 대부분 산전수전 거쳐서 오늘의 잘되는 집으로 자리 잡았다고 봐야 한다.

물론 오픈 때 오픈행사에다 홍보 영향도 있어 소위 '오픈발'이라고 해서 장사가 잘된다. 하지만 이 오픈발도 오래가지 못하는 경우가 많다. 아무리 처음에 장사가 잘되는 듯해도 1개월 정도 되면 매출이 주춤할 기미가 보인다.

호기심이나 할인권으로 한 번 왔던 고객은 매일 먹는 음식이 아닌 만큼 또 오지 않으며, 같은 상권 내 새로운 오픈 소식에 어느 정도 올 사람은 한 번 정도 와본 때가 바로 1개월 시점이다. 또 홍보전단 효과도 약발이 다해 새로운 고객의 유입이 없는 때가 바로 1개월 말 시점이다.

문제는 이때이다. 바로 이때 대처하기에 따라 주춤하거나 하락하던 매출이 올라갈 수도 있고 더 떨어질 수도 있다.

흔히 매출이 주춤하면 초보 창업자는 당황하게 된다. 이거 큰일 났다 싶은 것이다. 그래서 패배주의적으로 생각하기 십상이다. 매출을 올리기 위해 더 잘해야겠다고 마음먹기보다는 식재료비를 아낄까, 아니면 인건비를 줄일까를 먼저 생각한다. 또 의기소침해 있다 보면 얼굴에 활기가 떨어지고 의욕도 떨어져서 점점 손님이 준다.

오픈하자마자 처음 3개월은 무척 중요하다. 이 기간에 자리를 잘 잡으면 죽 가지만 그렇지 않으면 고전하기 때문이다. 이때 대처법은 첫째, 원가를 따지지 말라는 것이다. 둘째, 다시 오픈 때처럼 홍보활동을 해야 한다. 셋째, 한 사람 한 사람을 기억해주는 서비스를 해야 한다.

맛깔참죽에서도 초기 3개월의 중요성을 감안하여 오픈 후 맛깔참죽 100일 활성화 프로그램을 적용해 확실히 자리 잡도록 노력을 기울이고 있다.

성공 점포와 부진 점포의 차이점은?

성공 점포는 왜 장사를 잘할까? 어떤 점을 잘하기에 장사를 잘할까? 참으로 궁금하지 않은가?

이러한 점들을 알아서 창업자가 적용한다면 결코 실패하지 않는다. 맛깔참죽 점포를 관리하는 슈퍼바이저 팀장 및 슈퍼바이저 담당자와 함께 점심식사를 하러 간 식당에서 그 식당의 영업 상황, 주인의 접객 태도 등을 함께 얘기했다. 그러면서 음식점 성공비결이란 바로 이런 것이라는 공감대를 느꼈다.

그 식당은 지하에 있는데, 과거에는 양식과 커피 음료를 파는 레스토랑이었다. 갈 때마다 늘 손님이 없었으며, 어쩌다 손님과 커피라도 마시려면 식사 후 음식 냄새 때문에 상쾌한 기분이 들지 않던 가게였다. 오랜만에 그 식당을 찾았는데, 메뉴가 달라져 있었고 한식당 분위기와는 동떨어져 있었지만 백반류를 비롯한 오징어볶음 등 한식 밥집의 메뉴를 먹는 손님으로 거의 차 있었다.

직장인 상권에 맞춰 점심 수요가 있는 한식집으로 전환한 것이 맞아떨어져 장사가 그렇게 잘되고 있을까? 맞다. 그러나 그것은 성공의 전부가 아니라는 점을 여주인의 접객 태도를 보면서 확실히 깨달았다.

먼저 추가 서비스를 통해 푸짐하게 퍼준다는 좋은 이미지를 주고 있었다. 구운 김을 간장 찍어 싸먹으라며 음식과 찬을 내놓은 후 중간에 제공했다(처음 반찬 세팅 때 줄 수도 있는데 굳이 추가로 제공함으로써 특별히 주는 느낌이 오도록 했다). 그리고 거의 식사를 마칠 무렵에는 숭늉을 일일이 퍼주었으며, 테이블마다 누룽지 끓인 냄비 솥에서 직접 숭늉을 퍼 담아주니 맛도 인심도 그저 구수할 수밖에 없었다. 식사를 마치고 가려고 하니 커피 한잔 마시라면서 서비스를 해주었다. 음식 맛이 특별하지 않아도, 시설이 세련되지 않아도, 지하의 컴컴한 분위기임에도 손님이 많이 오는 이유를 알 것 같았다. 6,000원 한 끼 식사에 대접받았다는 느낌을 충분히 받았다.

같이 식사한 슈퍼바이저 팀장은 "우리 맛깔참죽 점포도 장사 잘하는 사장님은 뭔가 달라도 다르다. 장사 잘하는 가게와 부진한 점포의 차이가 분명 있다"고 말했다. 슈퍼바이저 팀장이 말하는 차이는 그리 크지가 않다. 얼마 전 인천의 한 점포 주인이 사정에 의해 바뀌었는데, 새 주인이 손님에게 깍듯한 태도로 서비스하니까 2개월이 채 안 되어 매출이 죽 50그릇에서 90그릇으로 뛰었다고 한다. 또 서빙 잘하는 점포는 후식 음료로 내놓는 매실차 한잔도 그냥 제공하지 않고 잣 두 알을 동동 띄워 내놓는다고 한다. 똑같은 상권에 똑같은 시스템에 똑같은 맛인데도 이러한 매출 차이는 바로 점주가 고객에 제공하는 서비스라든지 고객에게 다가가는 자그만 배려에서 오는 것이다. 그러나 장사 잘 안되는 점주에게 이러한 서비스를 요청하면 "죽 한 그릇에 뭐 남는다고 그렇게 합니까?" "나도 아는데… 힘들어서 못합니다"라는 말뿐이다.

결국 장사가 잘되는 가게와 부진한 점포는 고객에게 세심한 배려와 인상 깊은 서비스를 하느냐 하지 않느냐의 차이가 크다는 결론을 얻었다. 맛깔참죽과 같이 맛도 시스템의 경쟁력도 상권의 입지도 어느 정도 검증된 내용으로 창업시켜 주는 상황이라면, 더욱 이렇게 검증되고 경쟁력 있는 시스템을 고객과 만나는 음식점 현장에서 주인이 얼마나 잘 적용하느냐, 고객을 얼마나 친절하게 대하느냐, 고객을 얼마나 섬세하게 배려하느냐 등 서비스에 따라 성패가 갈린다고 결론지을 수 있다.

그래서 맛깔참죽은 점주가 이러한 세심한 배려와 현장 서비스를 고객에게 제대로 실행토록 하기 위해 맛, 위생, 친절, 마인드와 서비스를 매일매일 실천하도록 별도의 교육 프로그램과 100일 활성화 실천 프로그램을 갖추어 적용시키고 있다.

최근 창업 현장에서 느끼는 것은 몰라서 실패하는 경우보다는 알고도 실행하지 않아서 실패하는 경우가 대부분이라는 사실이다. 이미 창업 정보는 신문 외에도 인터넷, 강의 등에서 충분히 접할 수 있다. 단지 이 정보를 어떻게 실행하느냐가 더 중요하다는 것이다. 구슬이 서 말이라도 꿰어야 보배라는 말이 있듯이 이제는 실행하는 창업자가 되도록 해야 한다.

얼마 전 새롭게 사람을 뽑으면서 면접 대상자에게 5년 후 비전과 계획을 물었다. "음식점을 직접 차리고 싶습니다"라고 응답한 그에게 "그 계획을 위해 현재 준비 중이거나 실행하는 것이 있습니까?"라고 질문하자 그는 당황하면서 아무것도 없다고 대답했다.

분명 장사 잘되는 음식점의 사장이 되고 싶다는 꿈은 있는데, 막상 현재 이를 위해 어떤 공부나 자금 마련 등 사전 준비도, 구체적인 실행도, 5개년에 걸친 개략적인 준비계획도 하지 않고 있다는 점을 발견하게 된다.

우리는 분명 이루고 싶은 꿈과 계획이 있고 이를 간절히 원하고 있지만 막상 사전 준비나 계획들의 실행이 이루어지지 않거나 지지부진함을 발견한다. 저자는 얼마 전 올해 초에 세워 매일매일 실행하는 자기관리 체크리스트를 보고 새삼 저자 역시 똑같이 실행이 부족함을 깨달았다. '운동, 주 1회 책 1권, 하루 1시간 이상 몰입 생각, 말씀과 기도'라는 4가지 항목으로 매일 매주 단위로 체크해나가는데, 2월 중반 정도부터 스티커 부착이 쭉 공란으로 비어 있음을 발견했다. 그래서 펑크로 채워진 기존 스티커 체크리스트를 찢어버리고 최근 다시 새 마음으로 체크리스트를 만들어 스티커를 채워가기 시작했다.

하루 일의 성패도 사실은 그날 아침 시작 단계에서 세우는 하루 일의 실행계획과 시간계획에 달려 있다고 봐도 과언이 아니다. 오늘 해야 할 일을 구체적으로 생각하고, 일과 상황을 이미지화하며, 그 일을 수첩에 메모하고 시간대별로 세분화해 계획을 잡을 때 그 하루가 생산적이고 업무 펑크도 적다. 즉 계획을 실행하기 좋도록 구체화하고 시간대별로 잡으면 실행이 더 잘 이루어진다. 두리뭉실하게 할 일을 나열하면 자칫 업무 펑크로 연결되기 십상이다.

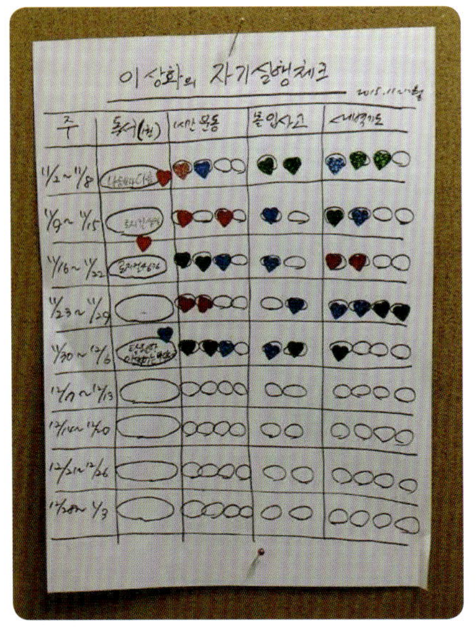

최근 저자의 업무 중 잘 실행되지 않는 부분을 살펴보니 오늘 '이 이슈나 해결 과제에 대해 몰입해서 생각해야겠다'는 것이었다. 사람과의 시간 약속이나 마감시간이 있는 일은 상대가 있으므로 꼭 해야 하지만 '생각 업무'는 오늘 중에 데드라인을 잡아놓지 않아도 크게 문제되지 않아 다른 업무에 밀려서 혹은 게으름으로 인해 실행되지 않았다. 그래서 하루 일과를 짤 때 아예 이 생각 업무를 몇 시부터 몇 시까지로 시간을 배정해서 계획을 세워놓은 후로는 이 부분의 업무 펑크가 많이 줄었다.

우리는 꿈이 있다. 비전도 있다(물론 안타깝게도 이 꿈과 비전, 향후 계획이 없는 경우도 종종 있지만). 그러나 그 성공 여부는 바로 실행에 있고 연간, 월간, 주간 및 일간의 세분화된 실행계획에 달려 있다. 좀 더 극단적으로 얘기한다면 아침시간에 오늘 하루의 일과를 계획하고 메모하며 기록하는 실행 다이어리에 있다고 보아도 된다.

10년째 장사를 잘하시는 맛깔참죽 가락점 사장님의 데스크 캘린더(다이어리)를 우연히 본 적이 있다. 일별로 오늘은 동치미 담그기, 야채시장보기, 전단지 배포하기, 저녁 10시에 물류 주문하기 등이 빽빽이 기록되어 있었고 체크표시로 채워져 있었다.

흔히 '어 깍두기 떨어졌는데 오늘 깍두기 담가야지'라며 그때그때 닥쳐서 일하는 대부분의 음식점 사장님들과는 달리, 일별 사전계획과 꼼꼼한 기록 덕분에 그분은 10평이라는 작은 매장에서도 한 달에 600~700만원 이상 수익을 챙겨가는 즐거움을 누린다고 보아도 되지 않을까?

지난 봄 심학산에 올라가보니 진달래꽃이 흐드러지게 피어 있었다. 진달래는 흔한 꽃이지만 화려함과 봄날의 찬란함을 마음껏 내뿜고 있었다.

   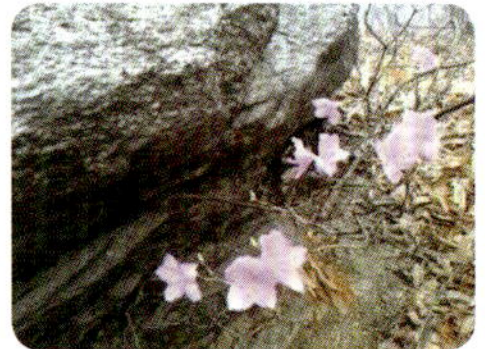

그런데 등산로 주변의 바위틈에 핀 진달래꽃들이 눈에 띤다.

저런 바위 틈새에 뿌리를 내리고 꽃을 피우다니 진달래의 강인한 생명력이 그저 감탄스러울 뿐이다. 잠깐 저 꽃을 피우기 위해 저 척박한 바위틈에 뿌리 내리고 수십 년간 모진 풍상을 견디면서 또 지난 1년간 비바람과 눈보라를 맞으면서 지냈을 지난하고 고단한 세월이 느껴진다.

고난을 극복한 화려한 진달래의 등장에 감탄하고 축하하면서도 한편으로는 지질이도 복이 없는 진달래라는 안쓰러운 생각도 든다. 왜 하필 흙도 없는 저 척박한 바위틈에 씨앗이 떨어져서 고생하고 있을까? 왜 그곳에 뿌리내리면서 힘들게 살아가고 있을까!

하지만 그건 어쩜 운명이다. 바위틈에 떨어지든 기름진 토양에 떨어지든

그건 진달래가 통제할 수 없는 운명이다. 바람에 날려 그곳에 떨어져서 자리 잡았을 뿐이다. 다만 그 조건을 받아들이고 그 속에서 치열하게 생존해서 꽃을 피운 그 진달래에게 경의를 표한다. 우리도 내가 컨트롤할 수 없는 조건을 탓하기 전에 그 조건을 받아들이고 그 속에서 열심히 노력해서 봄날에 화려한 꽃을 피우도록 노력해야 하지 않을까! 그렇지 않으면 아마도 숱하게 바위틈에 떨어졌을 많은 진달래 씨앗들이 말라죽어 흔적도 남기지 않고 사라진 것처럼 우리의 존재도 없는 것처럼 되리라.

우리 음식점 사장님들도 자신이 통제할 수 없는 극심한 불경기나 추운 날씨 등의 문제로 장사가 안된다고 하기 전에 그 조건을 받아들이고 오히려 그 조건 속에서 고객을 더 만족시키고, 더 맛있는 메뉴를 개발하며, 원가절감으로 실속 있는 메뉴를 만드는 등 더 많은 노력으로 임해야 하지 않을까?

우리는 화려한 봄날 진달래꽃의 찬란함 이전에 척박한 바위 틈새에서 꽃을 피운 저 진달래의 치열함을 먼저 배워야할 것 같다.

마케팅 관련 교육을 시킬 때 점주들은 "초심을 회복시켜 준 것 같다" "할 수 있다는 자신감을 회복했다" "이대로만 되면 매출이 올라갈 것 같다" 등등 매우 긍정적인 반응을 보여주어 담당 슈퍼바이저 팀장이 항상 고맙게 생각하고 있다. 그 중에는 "매출집계표 등이 너무 복잡해서 힘들다" "색다른 아이디어가 아니라 나도 알고 있는 내용이다"라는 솔직한 표현도 있다.

특히 "색다른 아이디어가 아니라 나도 알고 있는 내용이다"라는 반응에 대해서는 명쾌하게 정리할 필요가 있다. 장사 잘되는 점포와 부진한 점포의 차이는 알고 보면 큰 차이가 아니다. 다만 꼭 해야 할 맛 점검, 서비스, 고객관리, 판촉홍보 등을 하느냐 하지 않느냐의 차이이다. 즉 새로운 아이디어나 전략의 수립보다는 알고 있는 기존 것들을 실행하느냐 하지 않느냐의 차이라는 것이다.

매장을 운영하는 데에는 다양한 홍보방법이 있다. 전단지, 쿠폰, 현수막, 서비스, 할인 등등. "기존 맛깔참죽 점주님 그리고 맛깔참죽 창업을 고려하는 창업자님! 실행하세요. 알고 있는 내용이지만 확실히 효과가 있는 검증된 제안 내용입니다." 물론 최근 온라인으로 고객들의 접촉이 늘면서 배달앱, 블로그 시식후기나 네이버 지도검색 등 다양한 온라인 또는 모바일 매체로 변화가 있는 것도 사실이다. 그래서 이러한 변화된 환경에 맞는 수단과 방법으로 실행시켜 주고 있다.

아무리 구슬이 서 말이라도 꿰어야 보배이다. 훌륭한 구슬을 준비하였으니 이제 꿰어서 보배로 만드는 작업은 창업자의 몫이다. 구슬을 잘 꿸 수 있도록 본사 직원들이 옆에서 도움을 줄 것이다. 결국 장사의 매출은 나의 실행 결과이다.

창업, 제대로 준비하고 있는 것일까? 아래 질문에 스스로 대답해보자!

질문: 창업자가 거주하는 집 근처에 형성된 상권에서 500m 반경의 여러 점포 위치와 브랜드를 약도 형식으로 그릴 수 있는가?

대부분 말로는 "다 안다"고 대답했다가 막상 그려보라고 하면 "잘 모르겠다"며 업종과 브랜드를 적지 못한다. 잘해야 김밥집, 문방구와 본인이 자주 가는 가게 정도 기억할 뿐이다. 흔히 음식점 사장님들의 착각이 "내가 그래도 이 동네에서 1년 넘게 음식 장사를 하는데, 남들이 내 가게 정도는 다 알고 있겠지" 하는 것이다. 하지만 사실은 그렇지 않다. 바로 음식점 사장 본인이 거주지 상권의 점포와 브랜드도 잘 알 것 같지만 모르듯이 말이다. 또 1년 동안 20~30%의 고객이 이사 가고 이사 와서 새로운 고객으로 바뀐다.

특히 오픈 초기 3개월 및 6개월간은 꾸준한 홍보 투자가 필요하다. 설사 사람들이 점포 위치와 브랜드를 알더라도 너무나도 많은 음식점 중에서 내 가게를 먼저 떠올리도록 지속적으로 홍보해야 한다. 홍보는 꼭 돈 들어가며 뿌리는 전단지와 광고책자만을 의미하는 것은 아니다. 돈 들이지 않고도 홍보가 가능한 방법이 있다.

매일 아침 내 음식점 앞 골목을 빗자루를 들고 청소하면서 지나가는 사람

들에게 인사해보라. 틀림없이 그 가게는 마음씨 좋은 사장이 운영하는 친절한
음식점으로 인식되어 장사가 잘된다. 실제로 이렇게 성공한 사람도 있다.

  "꾸준히 홍보해라."

# 성공을 부르는 계획 세우기는 따로 있다

새해가 시작되면 새로운 계획과 목표를 세우고 꼭 달성하리라 다짐하지만 2~3개월이 지나면 연초의 계획들이 틀어지기 시작한다.

맛깔참죽의 한 직원이 "올해는 한 달에 한 권 이상의 책을 읽기로 계획했습니다. 잘 실행하고 있는 것 같았는데, 처음 목표치만큼 진척이 안되는 것 같아 매주 읽은 쪽수를 기록했더니 목표대로 실행이 잘 이루어지고 있습니다"라고 했다. 새해 다짐과 목표는 2~3개월이 지나는 시점에서 한 번 더 체크해야 한다.

저자가 경험한 실행력을 높이는 방법을 소개한다.

첫째, 목표로 하는 계획을 기록한다.

구체적으로 마감시간과 수치로 표시된 실적을 기록한다. '3개월 안에 5kg 감량' '매주 책 1권 읽기' '아침에 1시간 이상 주 3회 운동하기' '한 주에 10명의 고객 접촉 유지하기' 등.

둘째, 기록된 계획을 공표한다.

계획을 가족, 동료나 관계하는 사람들에게 선언하고 공유한다. 많은 사람이 매서운 눈으로 약속을 지키지 못하는 우리를 다그치고 분발시킬 수 있도록 우리의 계획을 공약한다.

셋째, 계획된 내용을 매일, 매주나 매월 단위기간을 정해 실행 여부를 체크한다.

스티커로 실행 여부, 실행 실적 등을 점검하고 실행을 기록한다. 이는 매우 중요하다.

넷째, 계획의 변경이다.

계획을 현실에 맞게 다시 수정한다. 실행이 잘 안되고 지지부진하면 세운 계획도 보기 싫고 한참 지나도록 성과가 없으면 아예 피하고 싶고 포기하기 십상이다. 하지만 여기서 계획대로 진행이니 실행이 안된다고 해서 포기하면 안 된다. 왜 실행이 지지부진한지를 생각해보면 답이 나온다. 본인의 게으름 때문인지, 하려고 해도 실행 여건에 문제가 있는지, 아니면 처음부터 의욕만 앞선 계획은 아닌지. 실행 목표나 실행을 단계적으로 설정해서 실행하기 쉽게 쪼갠다든지 세부적으로 검토해서 계획을 과감히 수정한다. 그러면 실행이 이루어진다.

다들 맛있다고 하는데...왜 장사는 안될까?

"다들 맛있다"고 하는데 왜 장사가 안될까?

최근 찾아온 음식점 사장님들의 첫마디이다. 그러면 그 말처럼 진짜 그 음식점이 맛이 있을까? 왜 장사가 안될까 싶어 맛을 보면 음식점 사장님들의 말과는 반대로 맛이 없는 경우가 많다.

손님이 맛있다고 말하면 정말 맛있는 것일까?
먹고 가는 손님마다 다 맛있다고 했기 때문에 우리 집 음식은 맛있다고 한다. 그러나 으레 손님들은 종업원이나 사장의 맛있느냐는 질문에 "예! 맛있네요" 하고 기분 나쁘지 않게 얘기하는 데 익숙하다. 예의 지켜 "잘 먹었어요" 하고 가는 경우도 적지 않다.

바로 이러한 말을 듣고 음식점 사장님들이 착각하는 경우가 많다. 물론 맛있다고 하는 손님들 중에는 사실인 사람이 있다. 그러나 맛없다고 생각하는 사람은 다시 오지 않아 맛없다는 소리는 더 이상 들을 수 없진 않을까?

저자가 알고 있는 한 식당의 사장님은 고객이 혹시 음식을 남기고 가면 식어버린 지저분한 해물탕을 직접 먹어보고 핥아보곤 한다. 맛에 문제가 있는지를 단지 말을 들어서가 아니라 직접 확인해보는 것이다.

아무리 맛있는 집이라도 10명 중 3명 정도는 맛없다고 하고, 반대로 아무리 맛없는 집이라도 10명 중 3명은 맛있다고 한다.

행당동의 한 갈비집 사장님이 처음 개업하면서 주방장과 승강이했던 내용이다. "갈비 맛이 너무 달고 맛없다"라는 사장님의 말에 주방장은 "이 맛을 가지고 먼저 번 주인에게 아파트도 두 채 사주었다"며 대들었다.

주방장의 말도 일리가 있다. 단맛이 감칠맛도 살려주고 특히 젊은 층한테는 잘 먹히는 추세이기 때문이다. 다만 행당동은 상권 상 나이든 고객층이 많았는데, 그 고객들에게는 달아서 맛없게 느껴진 것이다.

이와 같이 맛은 상대적일 수도 있다. 고객층의 입맛에 안 맞으면 맛없다는 소리를, 고객층이 요구하는 맛에 맞추면 맛있다는 소리를 듣게 된다. 실제로 "맛있다"는 평가는 혀로 느끼는 맛에서뿐만 아니라 먹음직스럽게 보이는 맛깔에서도 나온다.

음식점의 앞마당에 묻어놓은 김칫독을 보면 그 김치가 맛있다고 여겨지는 것이나, 손으로 직접 뽑은 수타면을 보면 훨씬 쫄깃하고 맛있게 느껴지는 것이나, 혹은 큰 가마솥에서 보글보글 끓여낸 설렁탕이 훨씬 진하다고 생각되어지는 것은 맛깔의 영향이다.

자 이제는 맛뿐만 아니라 '맛깔까지도 살려야' 맛있다는 소리를 듣게 된다. 맛을 객관적으로 평가해본 후 상권의 고객에 맞추고 업그레이드해야 맛있다는 소리를 들으며 장사를 잘할 수 있다.

 **밀리는 길! 뚫린 길! 죽집 창업도 잘 뚫린 길처럼 달리려면?**

지난 설 명절 때 충남 서천 고향 길은 2시간 40분 만에 도착했다. 평소 4시간보다 막히지 않은 셈이다. 반대로 대전에서 서울로 올라오는 길은 평소 같으면 2시간 안에 도착할 거리인데, 5시간 넘게 지체되었다.

이렇게 정체와 원활한 소통의 차이는 바로 차가 몰리는 시간대와 한가한 시간대의 차이이다. 서천 고향 길을 갈 때에는 새벽 4시대를 택했고 올라올 때에는 저녁 8시대를 택했기 때문이다.

창업도 마찬가지이다. 차가 몰리는 고속도로처럼 경쟁자가 한꺼번에 몰리는 업종은 힘이 들 수밖에 없다. 치킨집이 그렇고 커피점이 그렇다. 같은 업종끼리 너무 많은 경쟁자가 나눠먹다 보니 매출이 적어지고, 아니면 강자 독식으로 잘되는 가게에만 놀리는 쏠림 현상이 심화된다.

이러한 점에서 보면 죽 전문점 죽집 창업은 참으로 다행이다. 죽집 창업은 잘해야 나 말고 한 곳 또는 다른 두 곳과만 경쟁하면 된다. 그만큼 경쟁자의 수가 적고 경쟁도 덜 치열하다. 그래서 죽집은 안정적으로 창업할 수 있는 아이템인 셈이다. 특히 치열한 경쟁에 덜 준비된 초보 창업자에게 더 적합하다.

게다가 죽은 웰빙식사로 자리 잡으면서 환자식에서 한 끼 건강한 식사로 그리고 아침식사, 다이어트 식사, 수험생 식사, 이유식 및 노인식으로 수요가 확장되고 있다.

　뭘 창업할까 고민되는 요즘 같은 때 죽 전문점은 경쟁이 덜 치열하다는 점에서 안정적인 창업 아이템이라고 본다. 특히 맛깔참죽은 MSG 없이 감칠맛을 내는 웰빙죽이란 차별점과 편하게 죽을 조리할 수 있는 죽메이드 시스템이 있어 초보자도 안정적으로 창업할 수 있다.

 ## 음식점은 다단계 사업이다? 죽집 창업

일본 이자카야(일본식 선술집)의 전설로 불리는 우노 다카시가 『장사의 신』이란 책에서 한 말이다. 즉 가게를 좋아해주는 손님이 다음 손님을 데려와주고 그 손님이 또 다음 손님을 데리고 찾아와줄 때 그 가게가 성장할 수 있다는 의미이다.

죽집을 창업시켜 주는 입장에서 개점 초기 사장님들을 보면 100% 공감 가는 말이다. 죽집 창업을 결심한 후 오픈 초기에 사장님들은 어떻게든 많은 손님을 빠른 시간 안에 끌어 모으려고 애쓴다. 처음 오픈 시 장시기 부진하면 그날의 죽 판매 그릇 수에 온 신경을 집중하며 안절부절못하는 경우를 종종 본다.

'오늘 장사 안된다. 잘 안 팔린다. 이거 큰일인데…'라며 불안해한다. 하지만 그것도 생각하기 나름이지 않은가! '오늘 20명의 손님이 오셨네. 이렇게 찾아와주고 맛있게 드시고 간 손님이 20명이나 되니 얼마나 고마운 일인가'라고 생각할 수 있는데 말이다. 즉 오늘 손님이 많이 오지 않았다고 한숨 쉬고 있을 게 아니라, 애써 찾아온 손님께 최선의 맛과 친절한 서비스로 만족감을 주었는지 점검하는 노력이 필요하다. 그 손님이 또 찾아오고 주변에 좋은 평가를 전하도록 최선을 다해야 한다는 말이다.

하루 매출에 일희일비하지 말고 그날그날 한 손님이라도 최선을 다하면 반드시 매출은 늘어난다.

맛깔참죽은 이러한 차원에서 오픈 초기에 바로 개점광고를 하지 않는다. 많은 손님이 한꺼번에 몰려와도 충분히 죽맛을 내고 서빙이 익숙해질 때까지 광고전단 배포나 개점행사를 자제한다. 이때의 광고는 돈 들어서 손님을 내쫓을 뿐이다. 이와 같은 가오픈 과정을 충분히 거친 후 그랜드 오픈을 진행한다.

이보다 더 중요시하는 것은 오픈 이후의 광고이다. 재방문을 유도하는 할인권, 단골고객 관리, 시식후기 등을 통해 만족도를 높이는 노력을 더 중시하고 있다.

'음식점은 다단계 사업이다'라는 말을 되새기면서... 전국의 맛깔참죽 사장님 파이팅!!

장사 잘하는 점포와 못하는 점포 사장님의 언어 차이
– 남 탓? 내 노력?

요즘 같은 불경기에도 장사가 잘되는 점포와 안되는 점포는 눈에 띄게 차이가 난다. 장사가 생각만큼 안되는 사장님에게 컨설턴트가 활성화 방안을 제시하면 "이 불경기에 그렇게 한다고 효과가 있을까? 괜히 돈만 쓰는 것은 아닐까?"라며 선뜻 실행하지 않는다. 그렇게 하면 잘될까 고민만 하고 장사 안된다고 한숨만 쉰다. 아니면 불경기에 대처하지 못한 정부 및 지도자 탓만 하고 있을 수도 있다. 어찌됐든 장사가 부진한 이유가 외부 상황이다 보니 내가 해야 할 일은 찾지 않고 장사에 도움이 될 영업 활성화 방안을 실행하지 못하며 주저한다.

반면 장사 잘하는 사장님은 활성화 방안을 바로 실행해서 장사가 잘되게 한다. 혹시 실행 결과 원하는 매출이 나오지 않으면 바로 다시 실행하고 혹시 부족한 부분이 있으면 수정해서 실행하니까 장사가 잘된다.

장사가 부진한 점포의 사장님은 그렇게 주저하고 남 탓만 하면서 어떤 활성화 방안도 실행하지 못하다 보니 점포의 매출이 점점 줄어든다. 즉 외부 요인과 남 탓만 하면서 주저하다가 활성화 방안을 실행할 시기를 놓친다. 이렇게 악순환을 거듭하고 있는 점주도 있다. 그냥 간단하게 활성화 방안을 바로 실행하면 될 텐데! 남 탓하지 않고 바로 실행하는 장사 잘하는 사장님처럼 말이다.

이렇게 외부 변수나 상황에 대해 어떻게 생각하고 반응하느냐의 차이가 성과의 차이로 연결되는 것은 저자나 우리 직원의 경우에도 똑같다. 최근 한 직원이 월간 성과가 부진한 이유로 불경기나 안 좋은 방송 보도를 들었다.

방송에 보도된 사건이 성과에 영향을 미친 것은 맞지만 그러한 상황에 어떻게 반응하고 대처하느냐는 바로 우리 몫이다. 그 사건이나 상황이 성과가 부진한 이유는 아니다. 그 상황을 현실로 받아들이고 어떻게 대처했느냐를 이유로 파악하면 된다. 이미 외부 상황이나 남 탓으로 생각하는 순간 나한테 찾을 부진 이유는 없기 때문에 내가 해야 할 노력 부분도 없어진다.

장사 잘하는 사장님과 못하는 사장님 사이에 언어의 출발점은 바로 '남 탓' 아니면 '내 노력'이라고 본다.

많은 사람이 앞으로 경기가 더 위축될 것이라고 예상한다.

하지만 먹어야 사는 마당에 외식 수요는 크게 줄 수가 없고 오히려 최근 맞벌이 부부, 독신 가정 등의 증가로 식사 중심의 외식 수요는 더 늘고 있다는 것은 긍정적인 일이다. 이렇게 외식업은 계속 늘어나지만 경기는 어렵다고들 한다.

"불가능해 보이는 것을 실제로 만들어내는 것이 바로 나의 일이다." 이는 영국의 스티브 잡스라고 불리는 제임스 다이슨이 한 말이다. 어느 날 진공청소기로 청소를 하던 제임스 다이슨은 청소기를 조금 쓰고 나면 항상 구멍들이 먼지로 막혀서 흡인력이 떨어지는 것을 알았다. 그래서 우연한 기회에 공기 속 먼지를 회전시켜 빨아들이는 사이클론을 연구해서 진공청소기에 적용했다.

그는 5,127번의 도전 끝에 드디어 먼지가 끼지 않는 진공청소기를 개발했다. 성공하기 전 5,126번의 실패를 그는 어떻게 극복했을까? 그는 14년 동안 큰 빚을 지고 소송도 당했다. 그러한 와중에도 매일매일 모형을 만들어 결국 먼지가 끼지 않는 진공청소기와 날개 없는 선풍기를 개발하게 한 것은 무엇일까? 그건 집념과 확신이다.

- 할 수 없다는 대신 할 수 있다는 확신

- 불가능에 좌절하지 않고 끝까지 도전하는 집념

예비 창업자와 이미 가게를 운영하는 점주들은 지금의 위기가 오히려 기회가 될 수 있다는 점을 잊지 말아야 한다.

"음식점 사장님들이여! 힘냅시다. 위기를 기회로 활용합시다!"

 ## 감사합니다! 사랑합니다! 축복합니다!의 신비한 마법

몇 년 전 인기 있는 개그콘서트 코너 '감사합니다~'의 주인공 정태호 씨한 테 들은 얘기이다. '감사합니다~'라는 개그 코너가 그렇게 히트하리라고는 본 인도 예상 못했을 정도로 인기를 실감하고 있다는 것이다. '감사합니다'란 멘 트의 단순함과 운율이 묘한 중독성이 있어 특히 어린이들이 더 좋아한다고 한 다. 한 번 결방된 적이 있는데, 어린이들이 울고불고 난리치는 바람에 엄마들 이 방송국에 항의 전화를 할 정도라는 것이다.

얼마 전부터 우리 회사에서도 회의할 때 서로의 얼굴을 바라보며 "감사합 니다! 사랑합니다! 축복합니다!"라고 외치며 회의를 시작한다. 서로가 있어서 감사하고, 함께 해서 감사하고, 현재 할 일에 감사하고 등등 감사거리를 생 각하며 "감사합니다!"를 외친다. 그리고 상대의 존재를 그대로 인정하고, 즉 부족한 부분까지도 너그럽게 받아들이고 사랑한다는 의미에서 "사랑합니다!" 를 외친다. 또 상대가 진심으로 잘되기를 바라는 마음을 담아 "축복합니다!" 를 외친다.

이러한 외침이 처음에는 약간 어색할지라도 하다 보면 신비한 마법을 발 휘한다. 서로에게 이런 메시지를 외치며 격려하다 보면 서로에게 마음이 열리 고 존중하고 좋아하는 마음이 생긴다. 처음에 머쓱하고 쑥스러웠던 느낌도 사라지고 착 가라앉았던 분위기도 활짝 살아난다. 서로 간에 에너지가 넘치 고 회사의 아침 활기가 살아나는 마법을 느끼게 된다. (물론 진정으로 마음을 담아 외쳐줄 때 그 마법 효과가 더 잘 나타난다.)

이 마법은 저자가 직원들을 대할 때에도 어김없이 발휘된다. 직원과 미팅 시 그 직원을 바라보며 잠깐이나마 그 직원을 생각하면서 '감사합니다! 사랑합니다! 축복합니다!'를 조용히 속으로 외친다. 그러면 마법처럼 그 직원을 인정하고 존중하는 마음이 생기고 긍정적인 말로 대하게 된다. 아쉬운 점이나 잘못을 지적해야 하는 직원이나 상황 앞에서는 특히 그 마법이 잘 발휘된다. 부진한 성과로 인한 섭섭함이나 질책보다 수고하고 애쓰는 것에 대한 고마움이 먼저 생각난다. 잘해보고자 했던 그 마음이 와 닿고 애썼지만 성과가 약해서 더 안타까워할 그 마음이 안쓰럽고 사랑스럽다. 그 직원이 함께 일하고 열심히 노력해서 진짜로 보람을 갖고 성취감을 느끼면서 성장하고 행복하길 바라는 마음이 생긴다. "감사합니다! 사랑합니다! 축복합니다!"

오늘도 직원에게, 고객에게, 가족에게, 거래처에게, 관계하는 많은 주변 사람에게 이 메시지를 외치면서 긍정의 에너지를 발산한다. 또 긍정의 에너지를 마음껏 충전 받는다. 이렇게 "감사합니다!"에 내재한 무한한 긍정의 에너지를 내 에너지로 삼아 많은 사람에게 에너자이저로 마법을 부리는 사람이고 싶다.

이 글을 읽는 사장님도 작은 음식점일지라도 아침에 1~2명의 직원과 커피 한잔을 하면서 "감사합니다! 사랑합니다! 축복합니다!"를 외쳐보세요. 쑥스럽다고요? 그럼 그 마음을 담아서 따뜻한 말 한마디라도 건네세요. 그러면 활력이 넘치는 가게가 되어 저절로 매출이 올라갑니다.

목표 달성의 비결 – 나눗셈을 잘하면 된다

오래 전 준오헤어 강윤선 대표의 성공비결에 대한 강의를 들었다. 79개 미용실을 직영 형태로 운영하고 2,500명의 직원 중 연봉 1억이 넘는 직원이 180여명이나 된다는 엄청난 성공의 비결이 궁금하고 부럽기도 해서 참여했다.

열정적인 에너지, 바로바로 실행하는 실행력, 독서경영, 직원에 대한 사랑 등 여러 가지 경영사례와 경험들을 통해 성공의 비결을 듣고 많은 자극을 받았다. 그 중 특히 나에게 와 닿은 내용은 "목표 달성의 방법은 나눗셈을 잘하냐에 달려 있다"라는 말이었다. 강윤선 대표가 말한 목표 달성의 비결을 옮긴다.

우선 구멍가게 수준의 20년 전부터 '세계의 준오, 민족의 준오, 우리의 준오'라는 글로벌한 큰 목표를 세우고 그 목표를 직원들에게 계속 외치고 반복해서 말했다. 비록 구라(?)로 보일지라도 선언하고 또 선언했다. (구라라고 들릴지는 몰라도 그 구라를 계속해서 얘기하니까 그대로 이루어지더라...라는 말도 했다.)

그리고 철저하게 나눗셈을 잘했다고 한다. 즉 연간 목표를 월간으로, 주간으로, 그리고 하루로 나눠서 하루의 목표치로 세우는 것이다. 본인은 매일매일 나눗셈에 의한 하루 목표를 달성했느냐 못했느냐를 점검하고 체크해서 그 목표로 나아갔다는 것이다.

심지어 세운 목표를 하루의 목표로 나누어 하루의 목표치로 세울 수 없으면 그 목표는 목표가 아니라는 생각에서 목표를 쪼개고 쪼개서 하루 목표를 만들어 이루어갔다고 한다. 직원들에게 책을 읽게 해도 한 권의 책을 주면 부담스러워하고 잘 읽지 않으므로 하루에 읽을 분량만큼만 찢어주어 읽도록 했다는 것이다.

그리고 목표 달성 과정에서 아무리 힘들어도 절대 포기하지 않았다. ‘포기’는 없고 오직 목표의 ‘리마인드’만 있게 했다. 장애물이 있으면 ‘원래 이렇게 힘든 것을 극복해야만 달성할 수 있는 것 아냐?’ 하고 당연하게 받아들이고 부딪쳐 나아갔다고 한다. 본인은 직원들과 산을 올라갈 때에도 아무리 힘들어도 ‘원래 산은 이렇게 힘든 것 아냐?’라고 생각해서 절대 포기하지 않고 우직하게 정상까지 올라간다고 한다.

또 하나 기억에 남는 말은 목표 달성 과정에서 막연히 무조건 잘될 거야 하는 근거 없는 자신감으로 나아가지 않고 예상되는 장애물을 충분히 고려하고 대처해나갈 방법을 충분히 생각해서 나아갔다는 것이다.

강윤선 대표의 강연에서 중요한 몇 가지 멘트를 소개한다.
“난 말보다 행동이 빠르다”
“미래는 예측하는 것이 아니고 만들어가는 것이다”

“시간은 흘러가는 것이 아니라 채우는 것이다”

“모든 직원을 선생님(전문가)으로 성장시키는 것이 오너의 최우선 역할이다”

“산도 정상을 올라가는 것은 원래 힘든 것이다. 성공도 어려운 것을 이겨내
 야만 이룰 수 있다”

올해 세운 목표 100% 달성합니다

"우리 맛깔참죽은 올해 세운 목표를 100% 달성합니다."

지인과의 식사 만남에서 올해 세운 목표를 100% 달성한다
고 자신 있게 말했더니 의아해하면서도 부러워했다. 목표를 무척 낮춰 잡았기
때문에 쉽게 100% 달성할 수 있다고 자신하나? 아니다. 맛깔참죽은 작년보
다 30% 이상 매출을 늘려서 어느 해보다도 높은 목표를 잡았다.

올해 해야 할 일과 하고 싶은 일을 하려면 얼마의 매출을 올려야 할까 하
고 잡았더니, 작년보다 대폭 올라간 맛깔참죽의 매출 목표가 세워졌다. 보통
은 올해의 경제 및 업계 동향, 우리의 여건 등을 감안해서 잡지만, 이렇게 세우
는 계획은 항상 움츠러들 수밖에 없었다. 매년 불경기 및 불투명한 미래 상황
에서 목표를 높여 잡기가 쉽지 않았다. 또 높여 잡으면 과연 달성할 수 있을
까, 달성하지 못하면 어떻게 하나 하는 두려움과 부담감 때문에 높여 잡을 수
가 없었다.

올해는 욕심껏 하고 싶은 일을 하자는 의지를 반영해 의욕적인 매출 목표
를 세웠다. 그리고 이 목표를 이루기 위해 할 수 있는 실행계획을 세워 바로바
로 실행키로 했다. 또 목표가 높다 보니 이를 달성하기 위한 실행 노력도 적극
적이고 진취적일 수밖에 없다. 이렇게 매일 매주 매월 실행하고 그 성과를 만
들어내기로 했다. 그러나 그 결과로 성과가 미흡하면 어떻게 해야 하는가? 바

로 실행계획을 수정해서 다시 실행키로 했다. 즉 높은 목표의 달성을 위한 실행계획을 세우고 실행해서 성과를 만들어내며, 혹시 그 성과가 미흡하면 수정해서 다시 실행하다 보면 목표를 달성할 수밖에 없다.

인디언들의 기우제에서는 기도한 대로 100% 비가 온다고 한다. 왜냐하면 비가 올 때까지 기우제를 드리기 때문이다. 우리도 목표를 달성할 때까지 실행하고 수정해서 다시 실행하고 하니까 달성할 수밖에 없다. 이렇게 일하다 보면 결과를 얻어낼 것이며, 만에 하나 그 성과가 미흡하더라도 큰 목표의 언저리에 근접할 것이다.

그래도 우리 맛깔참죽은 큰 목표의 언저리 근처에 머무르지 않고 자신 있게 100% 목표를 달성한다. 왜인가? 만약 올해 말이라는 한정된 시간에 달성해야 하는 목표에 미달하게 되면 세운 목표를 사전에 수정해서 달성한다. 그래서 결국 연말 목표는 100% 달성한다고 자신하는 것이다.

이렇게 목표에 대한 자신감이 있으니 목표 달성에 대한 두려움과 불안감이 없다. 이에 따라 계획과 실행이 적극적 및 도전적으로 변하는 저자와 우리 직원들의 모습을 발견한다.

이와 같이 사장님의 가게도 '하루 100그릇, 월 3,000만원 매출' 등 크게 목

표를 세우고 100% 달성하기 위해 실행계획을 세워 꼭 실행하여 목표를 달성

하기 바랍니다.

# 성공과 실패를 이끄는 마음가짐

인생을 살다 보면 성공과 실패를 경험하게 된다. 누군가는 그것을 발판으로 다시 새로운 인생을 경험하고, 누군가는 단순히 운명이라고 생각하거나 실패를 받아들이지 못하고 좌절한다.

저자는 여기서 웅진 윤석금 회장이 지은 책에서 공감할 부분이 많아 공유하고자 한다. 사실 개인적으로 윤석금 회장을 여러 번 만난 적이 있다. 샐러리맨으로 출발해서 자수성가하여 굴지의 대기업을 일군 그의 능력, 열정 및 마인드기 늘 부러웠다. 특히 가까이에서 지켜볼 수 있었기에 존경하는 마음이 컸다. 하지만 3년 전쯤 확장 과정에서 무리한 투자로 어려움을 겪었고 일부 실망스런 부분이 언론에 보도되기도 했다. 그래서 이 글을 쓰면서도 조심스러웠다. 그럼에도 그의 긍정적 마인드는 우리가 꼭 배웠으면 해서 그가 쓴 책을 중심으로 소개한다.

성공과 실패를 이끄는 마음가짐(긍정을 긍정하라)

- 실패하는 사람은 하나같이 실패의 원인이 내가 아닌 남에게 있다고 불만을 토로한다. 그러나 성공하는 사람은 실패를 '내 탓'으로 받아들이고 자신의 잘못을 하나씩 고쳐나간다.
- 실패하는 사람은 자신에게 1억 원만 있으면 무슨 일이라도 할 수 있다고 생각한다. 그리고 그 돈이 없어 아무것도 하지 못한다고 한탄한다. 그러나 성공하는 사람은 그 1억

원을 마련하기 위해 부지런히 땀 흘려 일한다.

• 실패하는 사람은 작은 일을 소홀히 여긴다. 그와는 달리 성공하는 사람은 일의 크고 작음에 연연하지 않고 어떤 일이라도 소중히 여기고 성실히 실행한다.

• 실패하는 사람은 귀찮은 일을 보면 '다른 사람이 하겠지'라고 생각하며 나서지 않는다. 그러나 성공하는 사람은 '저건 바로 내가 할 일이야'라고 생각하고 적극적으로 임한다.

• 실패하는 사람은 난관에 봉착하면 어떻게든 현실에서 도피하기 위해 애쓴다. 반대로 성공하는 사람은 그 어떤 고난이 닥쳐도 정면으로 부딪쳐 극복해낸다.

• 실패하는 사람은 어떤 일을 시작해야 하는 시점이 돼도 주저하면서 뒤로 미루거나 여건이 더 좋아지기를 기다린다. 그러나 성공하는 사람은 지금이 바로 시작할 시기라고 생각하고 당장 결단을 내린다.

• 실패하는 사람은 사람들을 만나는 일을 꺼리고 두려워하는 경향이 있다. 반면 성공하는 사람은 사람들을 좋아하고 그들과 어울리는 데서 기쁨을 찾는다.

• 실패하는 사람은 인내하지 못한다. 그는 당장의 안락을 추구하며 참고 기다리는 법이

없다. 그러나 성공하는 사람은 기다림 끝에 커다란 기쁨이 오리라는 것을 알고 그 기쁨을 누리기 위해 즐거운 마음으로 인내한다.

• 실패하는 사람은 다른 사람을 이해하려 들지 않는다. 그러나 성공하는 사람은 항상 다른 사람의 입장에서 생각한다.

• 실패하는 사람은 자신보다 지위가 높은 다른 사람을 보면 그를 질투하고 동시에 자신의 신세를 비관한다. 그러나 성공하는 사람은 자신보다 나은 사람을 보면 존경의 마음을 가지고 더 높은 목표를 향해 미래의 꿈을 키운다.

• 실패하는 사람은 자신의 변화를 위해 노력하지 않고 이런저런 생각만 많으며 늘 남의 것을 좋아한다. 그러나 성공하는 사람은 나이에 상관없이 항상 새로운 희망을 품고 변화를 추구하며 무엇이든 배우려는 자세를 가지고 있다.

사람은 누구나 성공하기를 바란다. 그리고 더 나아가 남들보다 더 크게 성공하기를 원한다. 그런데 성공의 조건을 갖추고도 엉뚱한 길로 걸어가 결국 실패하는 사람이 있는가 하면, 한두 번 실패를 맛보기도 하지만 그것을 계기로 분발해 성공의 길로 들어서는 사람이 있다. 어느 쪽 길로 갈 것인가는 각자의 몫이다.

“안 돼” “못해” 이렇게 말하지 말고 “나는 할 수 있다”라고 말하라. 그 순간 이미 그 일은 가능한 일이 된다. 어떤 방법으로 해야 할지에 대해서는 그 다음에 생각해도 늦지 않다.

- 『긍정이 걸작을 만든다』(윤석금 저)

긍정의 힘! 양파도 반응한다

긍정의 힘을 믿는가? 긍정의 언어와 부정의 언어에 따라 결과가 달라진다는 것을 믿는가?

저자가 실험한 양파

한 달 후 양파 모습

여기서 "사랑해"라는 긍정의 언어를 던진 양파와 "미워"라는 부정의 말을 던진 양파의 사례를 소개한다. 약 한 달 후 두 양파는 어떻게 달라질까?

약 한 달 동안 긍정의 말과 부정의 말을 들었던 두 양파의 싹을 보자. 놀랍게도 "사랑해"라는 긍정의 말을 들었던 양파의 싹이 먼저 나왔다.

진짜냐고요? 예! It's Real. 진짜입니다. 혹시 긍정의 양파는 햇빛 비추는 곳에 놓아서 조건을 달리했는가? 아니다. 진짜로 저자가 직접 실험했다. 이어 한참 있다가 저자의 딸도 똑같이 테스트했는데, 그 결과도 마찬가지였다.

저자의 딸이 실험한 양파

양파도 긍정의 말과 부정의 말에 따라 이렇게 차이가 나는데, 하물며 우리는 어떻겠는가? 사장님들도 긍정의 마인드로 장사에 임하면 죽집의 매출이 올라가게 된다.

"난 할 수 있어!" "점점 나아질 거야!" "하루 50그릇, 70그릇, 100그릇으로 매출을 점점 올릴 거야"라고 다짐하고 긍정의 메시지를 자신에게 되뇌다 보면 실제로 장사가 잘될 수밖에 없다.

50평 규모의 한 두부집 사장님이 매일 아침 카운터 앞에 적혀진 "일 100만 원 매출"을 다짐하고 손님이 꽉 찬 매장 사진을 붙여놓고는 "손님이 바글바글 되게 할 수 있다"라고 외쳤다. 그 결과 놀랍게도 3개월이 지나면서 매출 100만원을 달성했다. 우리 사장님들도 지금부터는 경기가 안 좋아 힘들다고 한

숨 쉬지 말고 여러 가지 부정적인 생각을 떨쳐버리고 대신 긍정으로 나아가야 한다.

지금 "하루 50만원! 하루 100만원! 매출을 꼭 달성할 거야" "그래 난 할 수 있다!"라고 외쳐보자. 이러한 외침을 통해 긍정의 마음을 먹으면 더 맛있는 죽을 쑤고 더 친절하게 손님을 대할 수 있다. 양파도 그러한데 우리도 훨씬 더 좋은 결과를 얻을 수 있다.

"긍정의 힘 파이팅!"

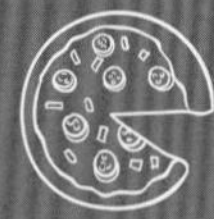

죽집 서비스 고객응대

섬세한 배려와
감동 서비스로 임한다

chapter 2

단골을 만드는 방법 – 고객을 머리에 심어라!

서울 도심에서 횟집을 운영하면서 장사를 잘하는 사장님의 돈 버는 비결에 대한 얘기이다.

"저는 고객을 머릿속에 심습니다!" 아무리 피곤해도 영업을 마치고 나면 그날 다녀간 고객을 수첩에 정리하고 명함을 관리하면서 기억한다고 한다. 그래서 그는 1년 만에 차장에서 부장으로 진급한 고객이 찾아와도 "참 오랜만에 오셨네요. 그간 바쁘셨어요? 차장님!" 하고 인사할 정도로 고객 한분 한분을 머릿속에 심고 있다. 그 결과 그 횟집은 하루에 1,000만원이 넘는 매출을 올리고 있다.

흔히 불경기에는 새로운 고객보다 기존 고객을 통해 매출을 늘려야 한다고 한다. 그래서 한 번 다녀간 고객을 기억해주고 그 고객에게 맞춤 서비스까지 한다면 더할 나위 없겠다. 1개월 전에 고추장을 원했던 고객이 다시 왔을 때 고추장을 시키지 않아도 삼겹살 먹을 때 고추장을 갖다 준다든지 하는 맞춤 서비스를 하는 경우도 있다.

이렇게 한 번 다녀간 고객을 일일이 기억하고 챙기면 단골이 늘어난다. 이러한 단골이 바로 매출의 큰 부분을 차지한다. 음식점에도 2 대 8의 원리가 적용된다. 즉 20%의 단골이 매출의 80%를 만들어준다.

매일매일 그 많은 고객을 100% 기억할 수 없다면 최소한 20%의 고객만이라도 머릿속에 기억하자. 아무리 주변에 경쟁 음식점이 생겨도 이 20%의 고객을 놓치지 않는다면 매출의 80%는 지켜낼 수 있다. 아니 20%의 고객이 아니더라도 하루에 10명의 고객과 의미 있는 대화를 나누거나 관심을 표현해본다.

그럼 한 달이면 300명, 3~4개월이면 1,000명의 의미 있는 고객을 확보할 수 있다. 충성도 있는 단골 1,000명이면 그 음식점은 안정적인 매출을 올리는 것은 물론 어떤 불경기 상황에서도 끄떡없다. 그 1,000명의 리스트와 연락처까지 가지고 있다면 처분 시 권리금을 비싸게 받을 수도 있다.

죽집은 10평 정도로 작다. 그래서 오는 손님을 더 잘 기억하고 챙겨줄 수 있다. 죽집 사장님이라면 지금 바로 고객을 머릿속에 심으세요!

죽 전문점이나 음식점에서 서빙원의 역할을 어떻게 규정하느냐에 따라 서비스의 질이 많이 달라진다. 죽 전문점을 포함해 음식점의 서빙원은 뭘까?

'음식을 날라다주는 사람'으로 단순하게 규정하면 서빙원은 음식을 갖다주는 것으로 본인의 역할을 끝낸다. 그래서 음식을 서빙한 후 멍하니 다른 곳을 보거나, 아니면 음식이 늦게 나오면 주방 쪽만 바라보고 발을 동동 구르는 정도이다.

그러나 서빙원의 역할을 '손님이 음식을 맛있게 먹도록 도와주는 사람'으로 규정하면 서빙원은 손님에게 음식을 날라다주는 것은 물론 그 후에도 손님을 부지런히 살피면서 맛있게 즐길 수 있도록 이것저것 챙겨주려고 노력한다. 혹시 손님이 두리번거리면 뭐가 필요할까 하면서 고객 테이블을 살펴 필요한 물도 갖다 주고 반찬도 추가로 제공한다. 또 죽이 혹시라도 남는다면 먼저 다가가 "손님, 죽이 혹시 양이 많은가요? 저희 맛깔참죽은 남은 음식을 포장해드리고 있습니다. 포장을 해드릴까요?"라고 말한다. "여기요!! 저요, 저요!!"라고 외치기 전에 미리 알아서 챙겨주는 서비스는 알고 보면 이러한 서빙원의 역할 규정에서 나온다.

서빙원은 단지 음식을 날라다주는 사람이 아니라 맛있게 먹도록 도와주는 도우미이다. 이러한 마음가짐으로 서빙을 하면 고객이 만족하는 서비스가 나

온다. 당장 오늘 서빙원에게 한번 물어보자. "서빙원은 뭐하는 사람일까?" 그
리고 그 대답에 따라 교육을 시켜야 한다.

"퍼줘라!" 음식점 성공비결이다.

"퍼주니까 장사 잘된다" "손해나듯이 장사해라" "계산하지 말아라" 등등. 음식점으로 성공한 사람들의 한결같은 얘기는 "퍼줘라!"이다. 그런데 왜 우리는 퍼주면 성공한다고 하는데도 퍼주지 못할까? 퍼주면 성공한다는 것을 몰라서도 아니고 그렇다고 조금 퍼주는 데 인색해서도 아니다.

사실은 흙 파서 장사하는 것도 아닌데 퍼주면 손해날 것이 불 보듯 뻔하기 때문에 알면서도 퍼주지 못하는 것이다. 가뜩이나 비싼 식재료에다 임대료, 인건비 인상 등 비용 요인은 상승하는데 음식 가격은 높여 받을 수도 없어 지금도 남는 게 없이 장사하는 상황에서 팍팍 퍼주는 것이 말처럼 쉽지는 않다. "퍼줘라"는 말은 몰라서라기보다는 실천이 그만큼 어렵다는 얘기이다.

어느 샤브샤브 음식점 사장님은 "퍼주니까 결코 손해가 아니더라"며 퍼주면 장사에 얼마나 도움이 되는지 경험담을 얘기한다. 이 샤브샤브 음식점은 오픈하면서 무료시식권(1만원)을 뿌렸다. 무료시식권 1,000장은 총액이 1,000만원이다. 보통 담력으로는 도저히 뿌릴 수 없는 상황인 것은 확실하다.

이렇게 무료시식권을 뿌려보니 보통 4명 정도가 와서 한 테이블에 1만원짜리 런치 샤브샤브를 시켜 먹고는 현금 2만원과 무료시식권 2장으로 계산했다. 4만원 매출에 2만원 현금 수입이지만 식재료 원가는 1만2,000원이므로,

공짜로 2인분을 퍼주고도 8,000원이 순익으로 남았다. 게다가 한 번 와서 먹어보니 맛있다면서 회식하거나 접대할 때 좋다며 1주일 내내 오시는 손님도 있었다고 한다. 샤브샤브는 가격이 비싸서 쉽게 먹을 수가 없는 문턱이 높은 음식이나, 무료시식권 덕분에 빨리 자리 잡을 수 있었다.

무료시식권! 결코 손해가 아니라는 계산이다. 퍼주는 것 결코 손해가 아니다. 퍼주어라. 퍼주면 꼭 장사가 잘될 것이다. "3일 퍼주니 일주일이 장사 잘되고, 일주일 퍼주니 한 달이 장사 잘되고, 한 달 퍼주니 일 년이 장사 잘되더라." 음식점으로 성공한 한 사장님의 이러한 말이 아니더라도 퍼주면 성공한다는 것은 틀림없는 사실이다. 장사 하루 이틀 할 것이 아니기 때문이다.

첫 번째 방문 고객, 어떻게 맞이할까?

매장에 처음 온 손님! 사장님들은 어떻게 맞이하고 있는가? 모두 친절하게 메뉴를 설명하고 안내해주겠지만 좋은 사례가 있어 소개한다.

맛깔참죽 별내신도시점에서는 처음 방문한 이유식 손님에게 아기가 잘 먹었는지, 메뉴는 어땠는지 잊지 않고 고객에게 문자를 보내 확인한다. 그러면 대부분은 "잘 먹었어요" "아기가 다 먹었어요"라고 답장이 온다고 한다. 또 기존 이유식 고객에게 다른 이유식을 추천했을 때에도 새로 추천한 이유식이 어땠는지 문자를 보내 모니터링 한다.

꼭 이유식이 아니더라도, 문자가 아니더라도 한 번 온 고객을 기억해주고 메뉴가 어땠는지 다시 한 번 체크하는 등 고객을 위한 배려가 남다른 사례라고 할 수 있다.

아기 과자, 이유식 전용 보온병

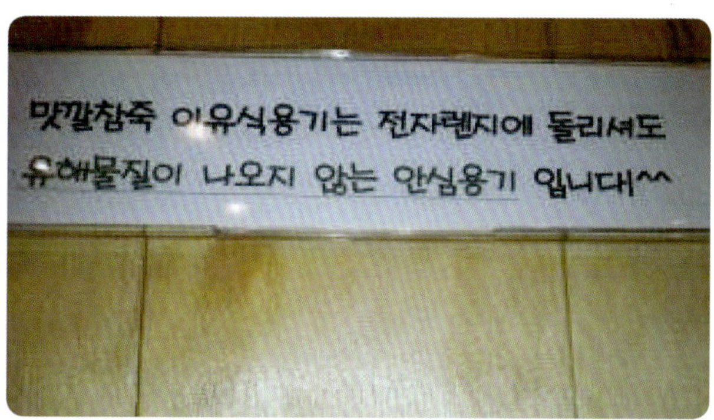

이유식 안전용기 사용 공지

별내점 사장님

기타 매장 내 홍보

클레임 고객, 골치 아파하지 말고 고맙게 여기자!

음식점에 오는 손님은 점심 한 끼 식사를 하면서도 그 이상의 서비스를 요구한다. 정작 내가 음식점을 운영하고 있어도 다른 음식점에서 식사할 때에는 친절한 서비스를 당연한 것으로 받아들이고 불쾌한 서비스를 받으면 기분이 나빠져 다시는 그 음식점에 가고 싶어 하지 않는다. 요즘에는 인터넷과 스마트폰이 발달해 있어 소비자들은 본인이 받은 서비스에 만족하지 못하면 본사 홈페이지나 각종 SNS, 블로그 등에 본인의 평가와 생각을 실시간으로 표현하는 데 익숙하다.

그렇다면 서비스뿐만 아니라 메뉴판, 음식 맛, 불편한 점 등에 대한 생각을 표현하는 고객이 좋지 않은 고객일까?

그렇지 않다. 오히려 아무 말 없이, 아무런 평가 없이 속으로 그저 '아, 다시는 오지 말아야지'라고 생각하며 다시 찾지 않는 고객이 장사하는 사장님들에게는 더 무서운 고객이다. 맛이 너무 짜다든지, 종업원의 태도가 너무 불친절하다든지, 배달이 되었으면 좋겠다든지, 단골손님에게 주는 특별한 혜택을 요구한다든지 등 뚜렷한 의견을 내놓는 고객은 단골손님이 되고 서비스가 개선된다면 충성고객이 되어 돌아올 확률이 훨씬 높다.

물론 불평불만을 표시하는 손님이 나타나기 전에 좋은 서비스를 먼저 하는 것이 더 중요하다.

# 고객 클레임 제기 시 첫 번째로 중요한 것

어제 저녁 맛깔참죽 죽집, 죽 전문점 서빙원에게서 서빙 실수로 인해 고객으로부터 클레임을 당했다는 걱정스러운 전화를 받았다. 손님께 제공된 죽 그릇에 포장용기의 뚜껑이 들어 있었다는 것이다. 죽을 먹는 고객 입장에서 황당하고 불쾌해 "사장, 나오라고 그래"라며 강하게 클레임을 제기했단다.

그런데 고객이 더 불쾌하게 여겼던 이유는 죽 안에서 포장용기 뚜껑이 나왔다고 클레임을 제기하였더니 종업원이 약간 웃으면서 대응하였다는 점이다. 서빙원은 본인도 황당해서 '그럴 리가 있겠는가' 하고 당황스런 웃음을 지은 것인데, 그것이 고객의 심사를 더 뒤틀리게 했던 것 같다. 다시 죽을 제공하고 죄송하다고 사과하는 수준에서 일단 정리되었다.

음식점, 죽집 및 죽 전문점에서 서빙이 쉬운 일은 아니다. 아무리 교육을 시켜도 한계가 있고 익숙해질 만하면 나가는 등 양질의 서빙을 제공할 만한 좋은 환경도 되지 못하는 안타까움이 있다.

저자는 늘 강조한다. 완벽한 맛이나 서비스를 제공할 수는 없다. 다만 고객으로부터 난처한 클레임 등 문제 상황이 발생했을 때 어떻게 대처하느냐가 더 중요하다는 것이다(물론 좋은 서비스를 제공하려는 노력이 중요하지 않다는 것은 아니지만).

손님들은 아주 바쁜 음식점에 가면 테이블이 약간 지저분해도, 물이 비어 조금 기다려도, 음식이 늦게 나와도 나쁜 서비스를 탓하지 않고 다 용인하고 받아들인다. 오히려 "바쁜 집은 원래 그래"라며 너그러운 마음까지 보인다. 바로 손님이 음식점을 바라보는 태도에 따라 문제 상황이 달라진다.

우리 맛깔참죽 죽집, 죽 전문점에서 뚜껑이 나온 것은 분명 문제이다. 그러나 그 클레임을 놓고 고객에게 정중히 다가가 진심으로 사과하는 대처가 부족했던 것이 더 큰 문제이다. 클레임 제기 때 고객에게 진심으로 미안하다고 사과하면 고객은 누그러진다.

이번 일을 계기로 우리 맛깔참죽 죽집, 죽 전문점들의 서빙을 점검하고 슈퍼바이저를 통해 서빙 교육을 강화하는 한편 적절한 대처방법에 대해 교육해야겠다.

작은 배려! 잔잔한 감동의 서비스!

작은 배려 1

한 회사를 방문해 여직원한테 커피를 제공받았을 때의 일이다. 사진처럼 종이컵 2개가 겹쳐져 커피가 담겨 있었다. 왜 종이컵 2개를 겹쳐서 커피를 주느냐는 저자의 물음에 뜨거워서 손이 불편할 것 같아서라고 했다.

작은 배려 2

얼마 전 방문한 회사에서 커피 한잔을 시켰는데, 커피와 함께 물 한잔을 내놓았나. 거피와 함께 혹시 필요할시 모르는 물 한산을 주는 섬세한 마음 씀씀이가 느껴졌다.

겨울에 한파의 날씨에도 식당에서 서빙해주는 물을 보면 으레 차가운 물이 나오는 경우가 대부분이다. 한여름에 제공하면 좋을 법한 차가운 물을 영하의 추운 날씨에도 여전히 개념 없이 내놓는 음식점 경영자들은 이러한 작은 배려를 배워볼 일이다. 이런 작은 배려 어린 서비스로 영업한다면 큰 감동으로 장사가 잘될 텐데 말이다.

서비스와 배려의 차이

서비스와 배려의 차이를 이해하는 것은 성공의 기본조건이다. 서비스(서빙)는 어떤 음식을 기술적으로 전달하는 것이라면, 배려는 그 음식을 전달받는 손님의 느낌을 중요시하는 것이다. 즉 서비스는 손님에게 예약한 정확한 자리에서 원하는 서빙을 전달하고 적절한 음식을 적정한 온도에 적절하게 제공하는 것이다. 하지만 배려에는 서빙원이 손님 편이라고 느끼게 하는 사려 깊음, 친절함, 상냥함 등이 필요하다. 배려가 담긴 서비스 사례를 통해 서비스의 질을 향상시켜 보자.

1. 남긴 음식 포장 서비스

죽을 먹고 난 후 남은 일부 음식을 새 음식처럼 깔끔한 포장용기에 넣고 반찬 등도 새것으로 세팅해서 포장해주는 배려를 하자.

2. 어린이에 대한 따뜻한 배려

아이가 식당에서 실례를 했는데 그 아이를 화장실에 데려가 잘 씻길 수 있게 더운물을 제공해주는 배려, 손님이 별로 없으니 식사가 끝날 때까지 아이를 돌봐주겠다는 배려, "아이가 있으니 넓게 배치된 뒷좌석이 편하시겠어요" 하고 말하는 배려를 하자.

3. 뜨거운 음식을 잘 못 먹는 고객에 대한 배려

이러한 고객에게 주방에서 음식을 식혀서 다시 제공하거나 별도의 그릇을 추가로 제공하여 뜨거운 음식을 먹기 좋게 하는 배려를 하자.

4. 손님 2명이 1인분을 시켜도 죽의 양을 조금 많이 주거나 여분의 그릇을 제공하는 적극적인 서비스

이러한 차원의 서비스를 받으면 훈훈해진다. 혹시 아무리 맛없는 죽이라도 이런 서비스를 받으면 맛있을 수밖에 없을 것이다.

과연 우리 밋낄참죽은 배려까지 가미된 서비스로 서비스의 질을 높이기 위해 얼마나 노력할까? 개점 시 서빙 교육은 물론 수시로 슈퍼바이저를 통해 운영 중인 점주 교육을 강화할 필요성을 느낀다.

초보 창업 죽집 실전 정보

초보자의 리스크를
줄여주는 요긴한 정보

chapter 3

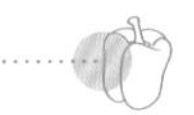# 성공창업 얼마나 벌어야 성공했다고 할 수 있을까?

얼마를 벌어야 음식점 성공했다고 할 수 있을까?

월 500만원을 벌 경우에 어떤 사장님은 만족해하고 어떤 사장님은 울상을 짓곤 하는데, 음식점의 성공 기준이 되는 수입은 얼마일까? 한 체인점 광고에서는 무점포 창업 아이템으로 500만원 투자해서 월 500만원을 벌 수 있다고 주장한다. 이것이 가능하다면 얼마나 좋을까? 물론 투자를 안 한 만큼 밤잠도 안 자고 몸을 혹사시키면서 일하면 가능할지도 모르겠지만 정상적인 체인점 같지는 않다.

창업자 여러분은 한 달에 얼마를 벌어야 만족할까?

교과서 원론적으로는 창업 투자금의 3%를 월 수입으로 벌면 성공한 창업이라고 한다. 즉 1억 원을 투자해서 월 300만원을 벌면 성공한 사례이다. 창업자의 개인적인 기대치에 미치든 못 미치든 월 3%의 수익률은 연 36%로 대단히 높은 수준이다. 어떤 예금보다도 그리고 고수익 펀드보다도 확실히 매력적이다.

그런데 사실 음식점에서 3%는 높은 수치가 아니다. 5~8% 이상의 수익률을 기록하는 경우가 많다. 음식점은 이렇게 수익률이 매력적임에도 왜 창업을 주저할까? 음식점 창업 후 일단 유지 이상만 되면 월 3%의 수익은 그리 어렵지 않다. 문제는 만에 하나 3% 미만으로 수익을 내게 되면 투자금을 모두 잃어버릴 수 있는 쪽박 상황이 되기 때문에 창업에 리스크가 있다.

그래서 음식점의 성공 기준으로 월 3% 수익률 개념보다 더 중요한 것은 내가 투자한 금액 중 보장되지 않는 금액(보증금을 제외한 권리금이나 감가상각이 적용되는 시설비)을 몇 개월 만에 회수하느냐는 것이다. 보통 잘되는 음식점은 창업 1년에서 1년 반이면 회수가 가능하다.

꽤 오래 전 오픈한 한 맛깔참죽 점포의 사례이다.

점포 사장님은 보증금 5,000만원, 권리금 3,000만원과 시설비 4,000만원을 들여 총 1억2,000만원에 창업했다. 점포는 월 2,000만원 매출에 600~700만원의 수익을 냈다. 이 사장님은 10개월 만에 보장되지 않는 투자금액을 뽑았고 투자수익률도 월 6% 정도를 기록했다.

오픈 후 5년 정도 계속해서 월 700만원 정도를 꾸준히 가져가다가 6년차 시점부터는 예정했던 기간 동안 할 만큼 했고 자녀들도 대학에 진학하는 등의 이유로 사장님의 부인이 그만두고 싶어 했다. 게다가 경쟁 죽집이 들어서면서 매출이 처음 5년보다는 떨어졌다. 이렇게 5년 정도 더 운영하다가 권리금을 받고 넘긴 사례이다.

음식점 성공의 기준을 막연히 대박 매출로 보거나 지나치게 축소해서 생각하지 말고, 월 3% 투자수익률 또는 보장되지 않는 투자금액을 1~2년 이내에 회수할 수 있는 수익을 기준으로 삼으면 된다.

죽집과 김밥 전문점의 창업 수익률 분석!

죽집과 김밥 전문점은 10~15평 정도로 창업규모도 창업비용도 비슷하다. 상권도 비슷한 곳에 창업한다. 즉석에서 김밥을 말고 즉석에서 죽을 쑤는 점도 비슷하다. 만약 두 전문점이 같은 매출을 올린다면 수익률의 차이는 어떨까? 김밥 전문점과 죽집이 똑같이 하루 60만원씩 판다면 월 1,800만원의 매출을 올린다. 비용은 임대료가 250만원으로 똑같고 수도비, 가스비, 광열비 등 관리비가 150만원으로 비슷하다고 치자. 하지만 인건비와 식재료비의 비율 차이로 인해 똑같이 팔아도 수익성에는 큰 차이가 있다.

김밥 전문점은 식재료 구성이 40~45%를 차지하다 보니 40%로 계산하더라도 720만원 정도 들어간다. 그러나 죽집은 식재료 비율이 35%로 식재료비가 630만원 정도 나온다. 여기서 바로 죽집의 이익이 김밥 전문점보다 90만원이나 높게 잡힌다.

게다가 김밥 전문점은 구조상 창가 쪽에서 김밥을 말고 주방이 따로 있으면서 배달까지 하니까 인건비 부담이 만만치 않다. 죽집이 2명의 인력을 활용한다면 김밥 전문점은 3명의 인력이라서 인건비가 170만원 더 들어간다. 바로 이 때문에 같은 매출을 올려도 죽집이 김밥 전문점보다 260만원 정도 수익이 높은 셈이다. 김밥 전문점의 경우에 현실적으로 4명의 인력을 쓰는 것을 감안하면 수익은 훨씬 더 떨어질 수 있다. 아니면 죽집이 1,800만원의 매출을 올릴 때 김밥 전문점은 훨씬 더 많은 2,230만원의 매출을 힘들게 올려야 죽집과 비숫한 수익을 기록하는 셈이다.

구분	맛깔참죽	김밥 전문점	비고
매출	1,800만원	1,800만원	일 매출 60만원 기준으로 할 때
식재료비	630만원(35%)	720만원(40%)	
인건비	340만원(2명)	510만원(3명)	
임대료	250만원	250만원	
기타	150만원	150만원	
수익	430만원	170만원	

맛깔참죽과 김밥 전문점의 수익률 비교

깁밥집에서 죽집으로 바꿔 운영 중인 주엽점

음식점 창업 아이템 선정 시 필수 체크 포인트

음식점 창업 시 첫 단추를 잘 끼우기 위해 다음의 몇 가지 사항을 고려해보아야 한다.

1. '반짝'하다 사라질 위험 요소가 있는 아이템은 피한다.

초보자에게 유리한 성장기 단계의 업종을 창업해야 하는 것은 당연하다.

2. 본인의 자금 규모에 맞는 음식점을 창업해야 한다.

스파게티 전문점의 경우에 차리고 싶어도 제대로 차리려면 1억 원 이상은 있어야 한다. 이 전문점을 차릴 수 있는 입지에 인테리어를 갖추어야 창업이 가능하다. 음식점마다 적정 자금 규모가 있다. 총 창업자금이 2,000~3,000만원 정도로 소자본일 경우에는 배달 관련 업종을 시작하는 것이 좋다. 입지와 규모가 조금 떨어져도 창업이 가능하므로 창업비용을 대폭 줄일 수 있다.

3. 본인의 성격이나 가치관을 고려해야 한다.

성격이 활달하고 외향적이라면 단가가 높은 음식점이 알맞다. 이러한 음식점은 고객 접대를 잘해야 하고 단골을 확보해야 하는 등 활동적인 사람에게 적합하다. 반대로 성격이 내성적이고 치밀하며 꼼꼼하다면 고객과의 서비스 타임이 짧은 패스트푸드 업종이나 '나는 나' 취향의 신세대 대상 음식점이 맞는다. 또 본인의 종교나 가치관 등에 따라 술을 취급하는 것이 꺼림칙한 경우에는 술 위주의 음식점은 피하는 것이 좋다.

4. 입지에 따라 맞는 업종을 선택해야 한다.

해당 상권의 고객이 직장인인지, 가족 손님인지, 혹은 중고등학생이나 대학생인지를 파악하여 고객에 맞는 음식점을 선택해야 한다. 또 해당 입지의 경쟁관계도 고려해야 한다. 1,500세대 이상으로 아파트가 밀집되어 있는 상권에 치킨집을 개업하려 하지만 이미 그 상권에 6~7개의 치킨집이 있다면 시작하지 않는 것이 좋다.

5. 나이나 성별, 체력조건 등에 따라 본인에게 맞는 음식점을 골라아 한다.

업종 선택 체크(✓)리스트

□ 하려고 하는 음식 아이템이 음식의 기본 요소를 갖추고 있는가?

　　– 맛은 있는가?

　　– 포만감은 있는가?

　　– 음식의 노하우가 있는가?

　　– 즐거움은 있는가?

□ 도입기, 성장기, 성숙기, 성숙후기, 쇠퇴기 중 어느 단계에 속하는 업종인가?

□ 반짝 뜨다 사라지는 유행 아이템은 아닌가?

□ 비수기가 없거나 계속적으로 생겨나는 업종인가?

□ 식재료 공급이 원활한 업종인가?

□ 조리가 간편한 업종인가?

□ 점심 매출이 높은 업종인가, 저녁 매출이 높은 업종인가?

□ 지속적으로 새로운 메뉴의 추가가 가능한 업종인가?

□ 과다 경쟁이 있는 업종인가?

□ 자금 회수율이 높은 업종인가?

□ 성장 업종으로 어느 정도 자리를 굳혀가는 업종인가?

□ 투자비용 대비 수익성이 높은 업종인가?

□ 음식의 회전율이 높은 업종인가?

□ 점포 운영에 있어서 노하우가 축적되어 신규 참여가 어려운 업종인가?

□ 사회적인 필요에 부응하여 경기에 민감하지 않은 업종인가?

□ 대형 음식점의 참여로 경쟁력이 떨어질 수 있는 업종인가?

□ 시대 상황에 부응하는 업종인가?

□ 자신의 자본 규모에 맞는 업종인가?

□ 자신의 적성에 맞는 업종인가?

□ 점포의 입지에 알맞은 업종인가?

□ 창업자의 경력과 성향에 맞는 업종인가?

음식점 창업 절차는

단계별로 꼼꼼히 체크한다.

1 창업 결정/마음가짐
음식점도 경영이라는 마음가짐으로 철저한 마케팅적 접근방법이 필요

2 업종 선택
본인의 경험 및 취향, 자금 규모에 적합한 성장기 유망 업종 선정

3 창업방법 결정
독립점포, 체인점 가맹, 회원점, 공동브랜드 창업의 장단점 비교 분석

4 자금조달계획 결정
자기자금, 금융기관 대출, 차입금 등 자금조달계획 점검

5 입지 선정 및 점포 결정
업종과 자금 규모에 맞는 최적의 입지 및 점포 탐색, 서류(등기부등본, 도시계획 등) 확인, 오너 확인, 영업자지위승계(계약서, 인감도장 확인)

6 메뉴 선정 및 가격 결정
점포 입지에 따른 주력 및 부가 메뉴 조사, 주변 경쟁점포 분석, 시장조사에 따른 가격 결정, 영업전략 수립

7 음식맛 전수 및 숙달
맛은 음식점의 기본. 주방장을 고용해도 맛은 꼭 사장이 책임

8 오픈 세부계획 수립

인테리어 시설
인테리어 설계 및 견적
시공 및 감리
간판, 전력 등 확인
완공일자 확정

주방 설계, 집기비품
주방 설계 및 견적
가스공급계약 체크
집기비품 선정 및 견적
시설 감리 및 체크

업무계획
위생교육, 허가사항 체크
사업자등록증 신청(세무서)
허가증 발급(관할구청)
카드가맹점 신청

홍보계획
홍보·판촉물 기획 및 견적
직원·아르바이트 채용계획
오픈 이벤트
직원 채용 및 교육

9 오픈 이벤트 및 그랜드 오픈

10 개업 후 판촉 및 고객관리

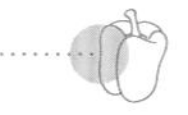 ## 초보 창업자가 빠지기 쉬운 함정

예비 창업자가 사업을 시작하기 전에 가장 시급히 해결해야 할 문제가 창업에 따른 막연한 환상에 빠지지 않는 것이다. 특히 처음 창업을 하는 초보 창업자의 경우에 지금까지 해온 일과 전혀 다른 일을 시작하기 때문에 실패에 대한 막연한 두려움으로 창업에 대해 잘못된 생각을 갖기 십상이다. 이에 한국창업경영연구소 이상헌 소장의 저서 『창업! 트렌드가 돈이다』를 통해 초보 창업자가 빠지기 쉬운 함정을 살펴보자.

1. 유망 업종 콤플렉스

흔히 유망 업종을 잡으면 성공이 보장되는 것처럼 생각하기 쉽다. 하지만 지금 당장 뜨는 업종을 유망 업종이라고 착각하는 것은 금물이다. 유행에 민감한 업종은 얼마 지나 사라지지만 유망 업종은 꾸준히 이어짐을 간과해서는 안 된다. 유행병 같은 유행 업종만 쫓다가 진짜 유망한 사업 아이템을 놓치는 경우를 흔히 볼 수 있다.

2. 황금만능에 대한 환상

창업자들의 50% 이상이 창업자금 부족을 사업상의 애로사항으로 지적한다. 많은 창업자가 자금이 부족할 때에는 돈만 넉넉하면 모든 일이 순조롭게 해결될 것으로 생각하지만 사업을 하다 보면 자금이 넉넉해도 안 되는 일이 많이 생긴다. 시장을 정확히 파악하고 여러 사람과 폭넓은 인적 네트워크를 구축하는 것이 돈으로 살 수 없는 성공의 묘약이다.

3. 양반 콤플렉스

체면만을 중요하게 여기고 다른 사람들에게 우아하게 보이고 싶어 하는 예비 창업자들이 꽤 있다. 하지만 사업의 최대 목적은 수익 창출이다. 다른 사람들의 시선에 신경을 쓰거나 체면을 차리는 태도는 버려야 한다. 실속 없는 허장성세보다는 수익을 최대한으로 늘릴 수 있는 방법을 모색하는 것이 최선의 방법이다. 기타 뉴비즈니스에 대한 환상, 동업에 대한 오류, 실패공포증, 바보증후군, 사업 테크닉에 대한 환상, 토끼와 거북이, 안전일변도 경영 등이 있다.

- 한국창업경영연구소 이상헌 소장 저 『창업! 트렌드가 돈이다』 중에서

최근 음식점에 대해 고용보험 가입 여부를 실사 중인데
어떻게 해야 할까요?

최근 고용보험 가입 여부를 확인하는 실태조사를 음식점마다 실시하고 있다. 또 어떤 사업장에서 업무상 사고가 발생하여 근로복지공단으로부터 고용보험 및 산재보험 보험료를 3년 소급하여 추징당했다는 얘기도 들었다. 게다가 국민건강보험공단이 종업원들에 대한 건강보험 피보험자격 취득 신고 여부를 조사하고 있다는 소문도 들었다.

현재 시행되고 있는 4대사회보험에는 고용보험, 산업재해보상보험, 국민연금보험과 국민건강보험이 있다. 즉 실업에 대해서는 고용보험, 업무상의 재해에 대해서는 산업재해보상보험, 장애·노령·사망에 대해서는 국민연금보험, 일반 질병과 부상에 대해서는 국민건강보험 제도가 있다.

이와 같이 사회보험은 국가가 사회정책적 목적으로 도입한 제도로 오히려 소상공인에게 반드시 필요한 제도이다. 그러나 소상공인에게 유익한 제도라고 할지라도 4대사회보험 보험료는 종업원 보수의 약 8% 이상에 해당하는 금액이기 때문에 소상공인에게는 경제적 부담이 되는 것도 사실이다. 그래서 정부는 소상공인에게 현실적인 도움이 될 수 있는 두루누리 사회보험 제도를 2012년 7월 1일부터 도입하였다. 특히 2013년 4월 1일부터는 적용 대상을 확대하고 지원 금액도 인상하였다. 즉 두루누리 사회보험에 따르면 전년도에 평균 10인 미만 사업장이고 신청한 달에도 10인 미만인 사업장에서 월 평균 보수가 130만원 미만인 종업원(일용직, 단시간근로자 포함)에 대해서는 고용보험 및 국민연금보험 보험료를 국가 부담을 제외한 나머지 금액을 사업주 및 종업원이 각각 1/2씩 부담한다.

　이러한 4대사회보험은 근로자 1인 이상 사업장일 경우에 그 적용이 강제되고 있으며, 월급제 근로자에 대해서는 입사 후 14일 이내에 신고를 의무화하고 있다. 이에 따라 음식점 사장님들이 종업원들에 대해 4대사회보험 가입을 회피하다가 3년간 소급적용해서 추징당하면 큰일이다. 이제부터라도 바로 4대사회보험 피보험자격 취득 신고를 해야 한다. 월 60시간 이상 근로하는 종업원에 대해서는 가입이 의무이기 때문이다. 하지만 앞서 소개한 두루누리 사회보험 지원을 받으면 그 부담을 줄일 수 있다. 즉 현재 일용직 등을 포함하여 보수가 130만원 미만인 종업원에 대해서는 고용보험 및 국민연금보험 보험료 신청을 하면 두루누리 사회보험을 통해 지원받게 된다. 또 고용·산재보험 사무를 고용·산재보험 사무대행기관에 위탁하면 무료로 사무대행 지원도 받을 수 있다.

출처: 유영성 노무사 / 노무법인한강 고용·산재보험사무대행기관 대표 글

테이크아웃 매장 장사비결
− 간판 · 홍보물은 '생명'...매장 내부도 잘 보여야

테이크아웃이 점점 음식 소비에서 늘고 있는 것이 현실이다. 하지만 추운 날씨나 더운 날씨에는 매장들의 매출 감소가 우려된다. 음식을 들고 다니면서 먹기 부담스러워지기 때문이다. 그러나 창업자금이 제한되어 있는 소규모 초보 창업자나 여성 창업자들에게 테이크아웃 업종만큼 좋은 아이템도 없다.

작은 점포에 기본 설비만 갖추면 창업이 가능해 가장 손쉬운 창업 아이템으로 손꼽힌다. 결국 추운 날씨에도 사먹고 싶은 마음이 들도록 고객들의 발길을 잡는 것이 관건이다.

테이크아웃 업종은 매장 비용과 인건비를 줄일 수 있고 구매 잠재력이 큰 10, 20대를 공략할 수 있어 계절적인 요인에도 불구하고 사업 전망이 밝다. 최근에는 죽, 치킨, 피자, 자장면 등 메뉴도 다양해져 선택의 폭이 더 넓어졌다.

테이크아웃 업종을 선택할 때 가장 중요한 것은 상권과 입지이다. 배후 상주인구가 많은 곳과 고객들이 주로 이동하는 동선에 입점하는 것이 유리하다. 또 여러 계층의 소비자들이 살고 있는 복합 지역이 단일 계층 소비자들이 주거하는 지역보다 구매력이 높다.

다음으로 중요한 것은 유동인구이다. 주변 유동인구와 경쟁 점포 유무를 꼼꼼히 살피고 예상 매출액도 뽑아봐야 한다. 상권, 입지와 유동인구를 파악했다면 다음은 맛과 브랜드 파워이다. 브랜드 인지도가 조금 낮더라도 맛이 뛰어나면 승산이 있다. 테이크아웃 먹거리의 경우에 입소문을 타고 고객들이 몰리기 때문이다.

홍보도 빼놓을 수 없는 요소이다. 특성상 충동구매가 이뤄지는 경우가 많은 테이크아웃 업종은 매장 내외부의 각종 홍보물과 간판이 생명이다. 주변 관공서나 학원가에 전단을 뿌리는 것도 좋은 방법이다. 또 규모가 작더라도 한눈에 들어올 수 있도록 매장을 꾸며야 한다. 매장 앞에 경사진 도로나 계단이 있는 곳은 피해야 한다. 매장의 가시성이 좋다면 고객들이 기다리는 동안 지루하게 느끼지 않고 매장에 대한 신뢰감도 높일 수 있다.

출처: 한국창업경영연구소 이상헌 소장 글

죽 전문점도 테이크아웃 고객을 잘 잡아야 한다. 죽은 홀에서 먹는 손님도 있지만 테이크아웃 손님도 꽤 많다. 따라서 죽 전문점은 10~15평 정도의 매장으로 소규모 창업이 가능하고 매장 면적당 매출 효율이 좋은 장점이 있다. 테이크아웃은 메뉴 판매를 보다 편하게 할 수 있기 때문에 초보 창업자나 여성 창업자도 많이 선호하는 부분이다.

　테이크아웃 메뉴 중에서도 치킨, 피자 등에 비해 죽은 성격이 약간 다르다. 치킨과 피자는 충동에 의한 구매가 많은 반면 죽은 필요식 개념이 강하기 때문에 필요에 의해 테이크아웃을 하는 고객이 많다. 하지만 최근에는 이유식이나 다이어트식으로 점점 확대되어 다양한 고객이 테이크아웃을 즐겨 한다.

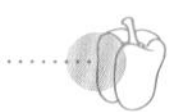# 스테디 아이템 죽 전문점 창업 시 유의해야 할 점!

스테디 아이템인 죽 전문점 창업 시 유의해야 할 부분이 있다.

죽 전문점은 외식 관련 창업 시장에서 유행을 타는 여타 아이템과 달리 투자 대비 매출이 높아 수익성 면에서 좋고 폐점률이 낮아 안정적인 아이템으로 분류된다. 그럼에도 예비 창업자들이 죽 전문점을 선택하기 전에 몇 가지 유의해야 할 사항이 있다.

1. 아이템의 수익성과 죽 조리의 편리성

죽 전문점은 대부분 가맹점주가 바로 손으로 죽을 조리하는 경우가 많다. 외식업이 단판 승부가 아닌 이상 길게 보면 결코 좋은 선택은 아니다. 그러나 자동 죽 조리 시스템을 이용하면 편하게 죽을 조리하고 인건비 역시 줄일 수 있어 일거양득이다. 죽 전문점은 수익성도 중요하지만 시스템의 편리성도 갖춘 회사를 선택해야 한다.

2. 입지 선정

죽 전문점은 아이템의 특성상 목적형 구매가 상당수이다. 따라서 타 아이템에 비해 점포를 선정할 때 상권별로 죽 전문점만의 세밀한 입지 분석이 필요하다. 본사와의 계약에 급급해 무턱대고 입점했다가는 유동인구가 많은 A급 일지라도 실패하는 경우가 종종 있다. 해당 상권과 죽이란 아이템의 상생성을 고려하지 않았기 때문이다.

3. 차별화 포인트

2005년경 죽 전문점이 양적으로 팽창하는 가운데 수많은 회사가 죽 전문점 창업 시장에 뛰어들었다. 그러나 현재는 3개 브랜드만이 활발하게 운영되는 죽 삼국지 상황이다. 대다수의 브랜드들은 명맥만 유지하거나 쇠퇴하고 있는 상황이다. 특별한 차별화 포인트 없이 남이 하니까 식의 무차별적 사업 진행이 남긴 혹독한 결과이다. 치열한 창업 시장에서 살아남기 위해서는 프랜차이즈 본사가 남과 같은 수준이 아니라 그 이상 경쟁우위의 차별화 요소를 끊임없이 개발해야 한다.

죽 전문점이란 아이템이 시장에 나온 지 벌써 10년이 넘었다. 성장기를 지나 이제 안정기에 접어든 만큼 예비 창업자들은 경쟁 상황에서 이길 수 있는 판촉 마케팅 프로그램을 통해 본사가 지속적으로 매장을 지원 및 관리해줄 수 있는 가맹 본사를 선택하는 것이 중요하다.

4. 가맹 본사의 죽 전문점 경쟁력

이제 막 시작했거나 가맹점이 50개 미만인 상태에서 그럴싸한 외부 인테리어와 이미지로 마케팅을 하는 브랜드는 운영 노하우, 시스템과 경쟁력에 있어서 충분히 검증되지 않을 수 있어 주의해야 한다.

프랜차이즈 창업 체크 포인트

창업 전문가들은 예비 창업자들에게 독립 점포보다 프랜차이즈 창업을 권한다. 창업에 앞서 실질적인 준비가 미흡할 수밖에 없는 예비 창업자들에게 프랜차이즈 본사가 입지 선정에서부터 세무 관련 사항까지 모두 체크해주고 돌봐주기 때문이다. 그러나 프랜차이즈 창업 시 반드시 명심해야 할 사항이 있다.

1. 정보공개서 반드시 확인하라.

현행 가맹사업법상 가맹 사업자의 현황에서부터 임원진 이력 등 전반적인 사항을 알 수 있는 정보공개서는 일정한 양식에 따라 서면으로 요청하도록 되어 있고 양식은 가맹사업거래 홈페이지(http://franchise.ftc.go.kr)를 통해 입수할 수 있다.

2. 직영점 없는 가맹 본부는 피하라.

직영점은 가맹점이 오픈하면서 일어날 수 있는 모든 시행착오와 어려움을 미리 알아내고 노하우를 축적하며 가맹점주를 성공으로 이끌기 위해 시범적으로 운영하는 곳이다. 그러나 직영점 없이 가맹점만으로 시작한다면 초기 가맹점이 본사의 시행착오를 껴안는 희생을 치를 수도 있다.

3. 가맹점주로부터 살아 있는 정보를 얻어라.

최근 오픈한 매장부터 오랜 기간 영업한 매장까지 주로 살펴봐야 한다. 최근에 생긴 가맹점으로부터는 창업 초기에 제대로 지원이 되는지 확인할 수 있고 오래된 가맹점으로부터는 혹시라도 영업 과정에서 본부의 횡포나 불공정 행위가 있는지 확인할 수 있다. 참고로 점포를 내놓으려는 가맹점주의 말은 액면 그대로 믿어서는 안 된다. 빨리 정리하려는 욕심에 정확한 정보를 전달해주지 않는 경우가 많기 때문이다.

4. 가맹 계약서 꼼꼼히 살펴라.

계약 기간이 충분한지, 위약금 조항은 합리적인지, 상권 보장과 관련해 문구가 모호하지는 않은지, 재료 보급 등 물류 시스템에 대한 사항이 제대로 정비되어 있는지, 계약 해지의 사유가 합리적이고 재계약 조건은 받아들일 만한지 등을 구체적으로 확인해야 한다. 필요하다면 가맹사업법에 의한 국가 자격사인 가맹사업거래 상담사에게 문의하는 것이 좋다.

- 한국창업전략연구소 이경희 소장(bizincubate@naver.com) 저 『트렌드 성공 창업』 창업, 이것만은 알고 뛰어들자! 중에서

죽 전문점, 죽 프랜차이즈 사업 전망에 대해

1. 웰빙 건강식품

건강, 소식, 휴식, 여유를 지향하는 라이프스타일에 맞는 음식이 죽이다. 죽은 즉석조리하는 식품으로 최상의 재료를 사용하지 않으면 안 되는 대표 음식이다. 패스트푸드 또는 정크푸드라고 하는 인스턴트식품과 달리 요즘은 슬로우푸드라고 하는 죽이 웰빙 건강식품이다.

2. 꾸준한 수요 증대

몸이 아플 때 환자식과 회복식으로 죽 이상의 음식은 없다. 또 아기들에게 이유식의 첫 시작은 죽이다. 그러나 즉석에서 조리하는 이유식은 우리나라에는 거의 없다시피 하다. 시장에 선식이 있긴 하지만 이것도 즉석조리는 아니다. 그러므로 즉석조리가 가능하고 안전한 이유식죽의 시장도 무한히 발전할 수 있다. 죽은 예전의 환자식에서 요즘에는 다이어트식, 이유식, 수험생 아침 식사 등으로, 최근에는 노인식으로 수요가 확산되고 있어 '한 끼 식사'로 자리 매김하고 있다.

3. 높은 수익성

죽 전문점은 소규모, 소액 및 소자본 창업이 가능해서 창업비용이 저렴하다는 것이 큰 장점이다. 또 죽 전문점은 식재료 제외하고 65% 이상의 높은 매출 마진을 자랑한다.

4. 테이크아웃이 가능한 음식

죽은 테이크아웃이 많고 배달도 가능하기에 소규모 매장으로도 높은 수익을 올릴 수 있다.

5. 안정적인 창업 아이템

죽은 꾸준히 수요가 늘고 있어 죽 전문점은 안정적인 창업 아이템이다.

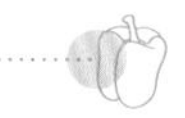 ## 성숙기 및 불경기 시대의 신(新)창업전략

지인이 치킨집을 창업했는데 창업 3개월 만에 반경 20m 안에 4곳의 경쟁 치킨집이 개업하여 치열한 경쟁 속에 영업하는 상황이 벌어졌다. 10명 창업해서 7~8명이 실패한다고 할 정도로 자영업자의 경영 환경이 만만치 않다. 이러한 포화 시장과 불경기 상황에서 무한경쟁에 내몰리는 자영업자가 안쓰럽다. 이와 같은 창업 환경이라면 창업전략도 이제는 기존의 통념과 달라야 한다.

첫째, 임대료가 비싼 점포보다 싼 점포를 우선하라.

임대료가 비싼 점포는 그만큼 상권이 좋기 때문에 경쟁도 치열하다. 경쟁자의 파워도 막강하다. 비싼 임대료를 감당하기 위해 높은 손익분기점의 매출을 올려야 하는 압박감과 강한 상대와의 전쟁에 시달린다. 임대료가 600만원이면 하루에 200만원을 팔아야 적정 이익을 가져가고 임대료가 100만원이면 33만원만 팔아도 된다. 이제는 과거처럼 화려한 상권에 위치한 비싼 임대료의 점포를 고집하지 말고 낮은 고정비용으로 여유 있게 승부할 수 있는 저렴하고 실속 있는 상권을 먼저 선택해야 한다. 노른자 상권의 비싼 점포 불패 신화가 무너져가고 있다는 사실에 주목하자.

둘째, 오픈행사를 화려하게 하지 말라.

오픈하면 오픈발이라고 해서 첫 호기심 수요를 극대화하려고 애쓴다. 그래서 오픈행사를 요란하게 한다. 화려한 풍선과 짧은 치마를 입은 섹시한 여자 도우미로 눈길을 사로잡아 많은 사람을 끌어 모은다. 오픈 집을 소위 '호떡집 불났다'라고 여기게 하는 전략은 좋은 것처럼 생각되어왔다. 이렇게 호떡집이 불나면 오픈발 매출을 올린다. 그러나 반짝 뜨다가 호기심이 시들해지는 1개월이 채 안 되는 시점에서 매출이 폭락할 수도 있다. 호기심으로 한 번 오는 고객이 한꺼번에 몰리는 상황에서 이제 막 오픈한 어설픈 초보 창업자는 제대로 된 맛이나 양질의 서비스를 제공할 수 없다.

도떼기시장 같은 곳에서 맛도 엉망일 뿐더러 고객들도 싸구려 할인에만 관심을 보일 뿐이다. 자칫 홍보해놓고 함량 미달의 제품을 접하게 하는 꼴이 될 수 있다. 그러면 고객들은 한 번은 오지만 너무나 선택 대안이 많아 다른 경쟁자로 옮겨갈 것이 뻔하다. 그래서 오픈 후 많은 사람을 끌어 모아 오픈발 매출을 올리는 전략보다 이제는 한 번 온 고객이 또 오게 하는 전략이 더 중요하다. 오픈 초기에는 단기 매출보다 맛과 서비스의 질을 높이는 데 신경 쓰고 어느 정도 수준에 오르면 광고를 해서 천천히 사람을 모은다. 또 요란한 광고를 하기보다는 온 고객이 다시 오게 하는 홍보 전략으로 매출을 서서히 올리도록 한다. 오픈 광고는 서서히 달구라는 것이다.

셋째, 상권분석에서 추천하는 아이템보다는 내가 잘할 수 있는 아이템을 선정하라.

상권분석에서는 고객량, 니즈 등을 분석한 결과에 따라 아이템을 선정해서 우동 장사가 잘된다, 삼겹살 장사가 잘된다 등의 추천을 한다. 그러나 이렇게 아이템을 선택하면 자칫 치열한 경쟁에 직면한다. 상권분석 팀은 시장에서 가장 니즈가 큰 부분에 맞춰 아이템을 선정하게 되는데, 문제는 이 경우에 큰 시장인 만큼 강한 경쟁자와 대자본의 경쟁자를 만나게 되어 그만큼 경쟁이 치열해진다. 일본의 음식점 컨설턴트인 도미타 히데히로는 '마켓 인' 전략보다는 '프로덕트 아웃' 전략을 써야 한다고 강조한다. 시장의 수요에 맞는 아이템으로 창업하기보다는 내가 경쟁력을 확보할 수 있는 아이템을 선정해서 시장에 확산시키고 침투시켜 나가라는 것이다. 이는 경쟁자와의 숨 막히는 싸움을 피하고 나만의 강점으로 시장을 서서히 공략해가라는 의미이다. 요즘같이 치열한 경쟁 상황에서 공감이 가는 전략이다.

넷째, 가성비 높은 실속 창업으로 승부하라.

불황이 길어지고 소비가 위축된 상황에서는 실속 창업으로 승부해야 한다. 가성비를 내세워 좋은 재료, 좋은 품질과 맛있는 맛으로 음식을 싸게 내놓기 위해서는 창업비용도 적게 점포 규모도 작게 창업해야 한다. 즉 적게 벌더라도 덜 투자해서 가성비를 높이는 창업을 우선해야 한다.

죽집 장사비결

알고 보면 간단한 것 같은데
그래도 경쟁 죽집이 몰랐으면 하는 것들...

입에 착착 감기는 감칠맛! 죽맛의 비결

죽의 감칠맛을 내는 비결은 다름 아니라 죽을 조리할 때 얼마나 골고루 잘 저어주느냐에 달려 있다.

부들부들, 무릇무릇 먹기 좋은 죽. 죽은 부드럽게 불린 밥알(쌀알)이 입안에 착착 감기는 맛이 일품이다. 소위 입에 착착 감기는 감칠맛이 느껴질 때 맛있는 죽이라고 한다. 그러한 맛은 죽도 음식인 만큼 좋은 식재료에서 나올까? 혹은 죽집마다 사용하는 비법인 육수에서 나올까? 아니면 일반인들은 모르는 죽집만의 숨겨진 비법이 있는 것일까? 의외로 대답은 간단하다. 혀에 착착 감기는 감칠맛의 비결은 바로 죽 쑤는 과정에서 우러나오는 쌀알의 전분에 있다.

죽을 조리하는 과정에서 골고루 저어주면 밥알의 전분이 잘 우러나오고 이 전분이 죽 육수와 밥알을 잘 어우러지게 하면서 감칠맛이 나온다. 잘 저어주지 않으면 전분이 잘 우러나오지 않고 밥알과 국물이 서로 어우러지지 않아 마치 국에 밥을 말아 먹는 국밥 같은 느낌이 든다. 바로 죽맛의 비밀은 다름 아니라 충분히 골고루 저어주는 데 있다! 엄마가 정성껏 잘 저어주던 죽의 맛이 그래서 맛있었던 것이다.

요즘 성업 중인 죽 전문점에서는 죽을 조리할 때 주방에서 일일이 저어주기가 힘들기 때문에 쌀알에서 전분이 우러나오게 하지 않고 인위적으로 전분 가루를 첨가해서 맛을 내는 경우도 있다. 이 경우에 왠지 맛이 겉도는 느낌이 들어 혀에 감기는 감칠맛이 부족하다.

　맛깔참죽은 감칠맛 나는 죽을 쑤기 위해 손으로 일일이 힘들게 젓다 보면 한계가 있다는 점을 감안해 손 대신 골고루 죽을 저어주는 자동 죽 조리기계 인 '죽메이드'를 갖추고 있다. 그 결과 맛깔참죽의 죽은 손으로 저어준 죽보다 훨씬 더 맛있다. 입에 착착 감기는 감칠맛이 뛰어나다. 그만큼 쌀알의 전분이 골고루 잘 우러나오기 때문이다.

 ## 오픈 후 수시로 매장을 점검해보자

오픈 때만 반짝하지 말고 그 이후로도 초심을 잃지 말자. 장사 잘하는 점주들은 한결같다.

1. 레시피에 맞게 조리하면 맛있는 죽집

본사에서 교육받은 그 맛 그대로 레시피에 맞게 조리하고 있는지 체크해야 한다. 많은 점주가 맛의 비결로 첫 번째로 꼽는 것이 바로 레시피를 준수하고 좋은 재료를 넉넉히 사용하는 것이다. 하지만 매장만의 노하우나 입맛대로 조리하는 경우에 자칫 자신도 모르게 맛이 변화할 수 있다. 특히 조리 인력이 변경될 경우에는 맛의 변화가 심화될 수 있다. 맛의 전수를 꼼꼼히 체크하고 수시로 시식과 손님들의 반응을 통해 맛있는 죽이 되고 있는지 확인해야 한다.

콩의 영양을 그대로 콩비지 소고기 죽

2. 청결한 죽집

매장 안팎으로 보이는 곳에서 보이지 않는 곳까지 청결을 잊지 않아야 한다. 종종 매장 안에 불필요한 물건들을 쌓아두거나 오래된 포스터를 교체하지 않는 경우 등이 있다. 구석구석 살펴봐야 한다.

그리고 다음과 같은 사항에 유의해야 한다.

- 새로운 물류를 받을 때 오래된 물류가 뒤로 밀려 먼지 등이 쌓이지 않게 먼저 사용해야 힌다.
- 오픈된 양념통, 양념류 등에 먼지가 쌓이지 않았는지 확인해야 한다.
- 가스레인지 물받이, 뒤쪽, 벽면 등의 청결을 확인해야 한다.
- 앞치마, 머리두건, 복장 등의 청결을 체크해야 한다.

3. 미소를 잃지 않는 죽집

고객 서비스의 첫 시작은 바로 미소이다. 특별한 선물이나 할인이 아니어도 친절한 미소와 말 한마디가 고객의 마음에 더 남을 것이다. 물이 떨어졌을 때 미리 물을 갖다드리는 것, 단골손님을 기억하는 것 등은 모두 알고 있지만 실천으로 옮길 때 고객의 평가가 더 높아진다.

오래오래 장사 잘되는 가게로 유지하려면 준비를 잘해야 한다. 그래서 모두 장사 잘되는 죽집이 되길 바란다.

맛의 초심을 지켜야 장사가 잘된다

모든 일에는 시작과 끝이 있다. 시작하는 마음, 즉 초심(初心)의 중요성에 대해서는 누구나 공감할 것이다. 초심이 얼마만큼 유지되느냐에 따라 끝은 자신이 원하든 원하지 아니하든 어떤 식으로든 달라질 수 있다.

맛깔참죽 창업을 위해 본사로 처음 오픈 교육을 받으러오는 점주들은 말한다. "맛깔참죽은 죽맛이 참 좋다." 실제로 본사에서 조리 교육을 할 때 죽을 처음 만들고 시식하면 정말 맛있다는 말을 많이 한다. 자신이 직접 처음 만든 죽이라서 그럴 수도 있지만 진짜 이유는 본사의 조리실장이 옆에서 규정된 레시피대로 제대로 된 맛을 낼 수 있도록 교육하기 때문이다. 이때가 가장 중요하다. 본사에서 교육받은 그 맛을 점주들이 정확하게 기억해야 한다.

대부분의 프랜차이즈 음식점 점주들은 매장을 오픈한 후 처음 '본사에서 배운 맛'을 잘 유지하고 정말 열심히 매장을 운영한다. 하지만 일부 매장들은 '자신만의 노하우나 입맛대로 맛'을 내어 조리한다. 이럴 경우에 자신도 알게 모르게 맛이 변화하고 이는 곧 매출 하락으로 직결될 가능성이 크다.

요즘 고객들의 입맛은 정말 까다롭고 정확하다. 프랜차이즈 음식점 업체라면 한 번쯤은 겪어봤을 법한 사례가 맛깔참죽에도 있었다. 평소 죽을 즐겨먹는다는 고객이 자신의 동네에 있는 맛깔참죽을 종종 이용하곤 했는데, 친척집을 방문했더니 근처에 다른 맛깔참죽이 있어 반가운 마음에 방문했다. 그런데 자신이 즐겨먹던 익숙한 맛깔참죽의 맛과는 뭔가 조금 다르다는 것을 느꼈다.

고객은 냉정하다. 그 순간 어느 가맹점이 더 맛있다는 판단을 바로 내린다. 대화를 나눠보니 친척집 근처는 이제 막 오픈한 매장이었고 자신의 집 근처는 오픈한 지 꽤 지난 매장이었다.

'과연 이 고객은 앞으로도 집 근처의 맛깔참죽을 자주 이용할까?'라는 생각이 들어서 즉시 조리바이저를 파견해 맛을 바로잡았다. 이를 계기로 앞으로도 전국 매장들의 맛 점검에 많은 노력을 기울여야겠다고 생각했고 맛의 초심을 유지하는 것이 매출에 정말 중요하다는 사실을 다시 한 번 깨달았다.

본사에서 '맛'을 연구하고 개발할 때에는 전국 소비자들에게 수용되는 입맛을 고려한다. 맛깔참죽을 창업한 모든 점주님은 우리의 맛을 인정했기 때문에 창업을 결정하였을 것이다.

매장을 운영하다 보면 많은 어려움이 닥칠 수 있다. 이때 비용을 절감하겠다고 재료를 덜 넣거나 본사에서 공급하는 물품보다 질이 낮은 제품을 구매해서 사용하면 깐깐한 요즘 고객들은 맛이 변했다며 그 매장을 외면한다. 이렇게 맛이 떨어지면 재방문이 이루어지지 않아 그 매장의 매출은 계속 떨어질 것이다.

　항상 초심을 잃지 말고 처음의 맛을 지켰으면 한다. 어쩌면 점주들이 처음 오픈 교육 때 배운 초심과 처음 '맛'을 지키도록 통제하기 위해 본사 슈퍼바이저가 존재하는지도 모르겠다.

　점주의 맛 유지와 식재료 등의 사입 방지는 점주를 불편하게 하는 통제가 아니라 매출 활성화에 꼭 필요한 순기능이기 때문에, 이러한 관리적인 슈퍼바이징 활동을 강화할 필요성을 더욱 크게 느낀다.

 ## 죽집 사장님들이 장사 잘하는 비결!

맛깔참죽 사장님들이 장사 잘하는 비결이 뭘까? 어쩌면 그 비결은 너무나 평범하고 당연한 얘기일지도 모른다. 그러나 그러한 작은 차이점들이 매출에 큰 영향을 미친다. 주인이 바뀌면서 하루 50그릇에서 거의 두 배 수준인 90그릇으로 매출이 오른 사례도 있다. 맛깔참죽에서 장사 잘하는 죽집의 비결을 공개한다.

첫째, 인사를 잘한다.

'인사를 잘한다? 아니 인사 안 하는 점포도 있나?'라는 의구심이 들지도 모르겠지만 의외로 인사하지 않는 점포가 많다. 단순한 '어서오세요'는 인사가 아니다. 인천의 한 맛깔참죽 사장님은 잘 모르는 손님도 아는 지인이나 단골 고객처럼 "안녕하세요? 날씨 춥죠"라며 맞이한다. 이렇게 마치 10년 지기처럼 응대하면 설사 처음 보는 모르는 사람이라도 한 번도 싫어하는 표정을 본 적이 없다고 한다.

둘째, 맛 관리에 철저하다.

장사 잘되는 매장들은 메뉴 레시피를 철저하게 지키고 있다. 아끼려고 싸구려 재료를 쓰거나 찹쌀의 함량을 줄이지 않고 본사에서 배운 레시피를 준수하여 맛을 관리한다. 이왕이면 전복을 포함한 해물 재료 등 좋은 재료를 사용하고 좋은 품질을 유지하면서 장사를 잘하고 있다.

셋째, 본인의 죽맛에 자부심이 대단하다.

"다른 죽은 화학조미료 들어갔어요." "우리 죽이 기존의 죽집보다 훨씬 맛있다고 해서 아주 기분 좋습니다." "맛있게 먹었다고 할 때 정말 보람을 느낍니다." 이렇게 사장이 본인의 죽맛을 일등 죽맛으로 자랑스럽게 지켜간다. 이럴진대 실제 맛없어도 어떤 손님이 맛없다고 여길까 하는 생각이 들 정도로 본인의 죽맛에 대한 자부심이 대단하다는 공통점이 있다.

넷째, 적극적인 영업 마인드가 있다.

기존처럼 매장에 앉아서 손님을 기다리는 것이 아니라 학교 야자시간에 단체급식으로 납품하거나 인근 치과와 계약을 맺어 전복죽을 중심으로 안정적인 매출을 올리고 있다. 그리고 이유식이라는 새로운 개념을 적극적으로 강조해서 손님을 확보하는 등 영업에 적극적이다.

다섯째, 목표가 있다.

"매출이 점점 나아지고 있습니다. 지난달에는 60그릇을 팔았는데, 이번 달에는 70그릇이 목표입니다. 아직 오픈한 지 얼마 안 되었지만 3개월 내 100그릇까지 목표로 삼고 팔겠습니다." "장사 잘해서 또 하나 오픈하는 것이 목표입니다." "목표는 아파트 한 채 사는 것입니다." 구체적인 목표가 있고 그 목표를 위해 오늘도 활기차게 일하는 사장님들의 활기가 종업원과 매장의 분위기로 이어지며, 왠지 맛있는 점포로 살아 있다. 그래서 기분 좋아지는 가게이다. 자꾸 가고 싶고 맛있을 듯한 가게의 분위기를 연출하는 공통점이 있다.

　이상의 내용은 저자가 3년 전쯤 전국 맛깔참죽 매장들을 방문하면서 느낀 점들을 정리한 것이다. 그런데 장사비결이라고 소개한 내용이 특별한가? 아주 어려운가? 가장 기본적이고 평범한 것들이지만 성실하게 실천하면 장사 잘하는 죽집이 된다. 이것이 바로 죽집 장사비결이다. 장사비결은 다름 아니라 기본을 지키는 것이다.

매번 이렇게 챙겨주면 적자 아니세요? – 전민점 이야기

늦은 점심시간인 한 시 반경에 전민점에 들렀다. 사장님도 뵙고 얼마 전 적용한 들깨죽 식사도 할 겸 겸사겸사 방문했다. 문을 열자마자 우선 그 늦은 점심시간에도 손님이 꽉 차 있는 모습에 너무 기분이 좋았다. 사장님 말로는 늘 이렇게 오후 2시까지는 꽉 찬다고 한다.

전민점은 5년째 영업 중인데 꾸준히 매출을 유지하고 있다. 어쩌면 이 뜨거운 비수기 여름철에도 손님이 바글바글하게 장사를 잘할까? 여러 가지로 궁금했다. 식사를 하며 관찰하고 대화하던 중 전민점 사장님이 장사 잘하는 노하우 몇 가지를 알게 되어 소개한다.

첫째, 손님에 대한 친절한 서비스이다.

점포를 함께 운영하는 세 분의 표정이 너무 환하고 웃는 모습이 너무 예쁘고 너무 호감이 간다. 왜 그렇게 표정이 밝으냐고 물었더니 "즐겁게 일합니다. 즐거운 마음으로 일합니다. 그러니 기분 좋습니다"라고 한다.

둘째, 손님에게 드리는 덤 서비스이다.

옆 테이블의 고객이 "매번 이렇게 챙겨주면 적자 아니세요?"라며 후식 음료로 제공된 원두커피에 대해 고맙다고 말하는 것을 들었다. 잠깐 보았지만 적절하게 제공한 덤 서비스가 사소할지 모르지만 고객에게 만족감을 주고 있었다. 고객에 대한 추가 서비스에 대해 '남는 것도 없는데'라며 인색해하지 않는 후한 모습에서 장사 잘하는 비결을 발견한다. 굳이 '퍼줘라! 퍼주면 장사 잘 된다'라는 음식점 성공비결의 교과서적인 얘기를 하지 않더라도 퍼주면 성공한다. 하지만 참 실천하기 쉽지 않다.

셋째, 맛에 대한 자부심과 맛을 지키려고 노력하는 모습이다.

전민점 전복죽은 맛있다고 소문나서 손님이 멀리서도 온다고 한다. 본사 물류와 좋은 재료를 제대로 사용해서 맛을 내고 있었다. 이번에 선보인 들깨죽 메뉴에 대한 반응도 좋다고 한다. 사장님은 맛을 잘 내서 매출 활성화에 도움이 되도록 하겠다고 한다.

넷째, 별도의 뒤 공간을 다양하게 활용하는 지혜이다.

전민점 사장님은 별도의 뒤 공간을 매장으로도 사용하고 학부모 모임 등도 가능하도록 다양하게 활용하고 있다. 이 공간은 늘 예약이 꽉 차 있다고 한다. 이 추가 공간은 동네 주민들의 모임 장소, 자연스럽게 단골고객을 확보하는 장소, 고객 확산의 질 좋은 장소 등으로 사용되고 있다.

게을러지지 않도록 긴장을 유지한다 – 가락점 이야기

가락점 사장님은 하루 130그릇 전후를 팔 정도로 꾸준히 장사를 잘하고 있다. 몇 차례 언론에도 소개될 만큼 부러운 사장님이다. 점포 관리 겸 장사 잘하는 이유를 분석하여 전국의 사장님들에게 한 가지라도 전해드리고 싶은 마음에 가락점을 방문했다.

첫째, 가게를 연중무휴로 운영한다.

사장님은 단지 장사를 하루 더 한다는 측면도 있지만 "쉬면 게을러지고 열정이 식기 때문에 명절 빼고는 쉬지 않는다"라고 말한다. 늘 자신이 게을러지지 않도록 노력하고 긴장을 유지한다는 얘기이다. 점포를 운영하면서 매너리즘에 빠져 대충하거나 피곤하고 힘들다고 해서 건성건성 하지 않는다. 물론 가게는 연중무휴이지만 본인들은 일주일에 하루씩 쉰다.

둘째, 쿠폰제를 꾸준히 시행한다.

가락점은 쿠폰제를 몇 년째 꾸준히 시행하고 있다. 500원 쿠폰을 지속적으로 주다 보니 단골이 생기고 고객관리가 된다. 사장님은 고객이 쿠폰을 30장씩 잔뜩 들고 올 때 약간 아까운 마음도 들지만 오히려 30만원어치의 죽을 드신 고마운 고객이라는 생각이 든다고 한다. 일반적으로 고객 확보 차원에서 할인도 하고 쿠폰도 제공하지만 막상 시행해보면 아까운 마음이 들고 남는 게 적다는 생각 때문에 지속하기 쉽지 않은데, 이렇게 몇 년째 유지하는 꾸준함은 배울 만하다.

　이러한 일관성은 주방을 관리하는 두 분의 머리 스카프에서도 확인할 수 있다. 머리 스카프는 더운 여름에는 아예 안 하거나 머리 모양이 이상해진다고 잘 안 하기 십상인데, 위생을 위해서 한결같이 복장에도 신경을 쓰고 있다.

셋째, 친절과 미소가 몸에 배어 있다.

　늘 고객에게 웃는 모습을 보여주기가 쉽지 않은데도 사장님은 환하게 웃는 표정으로 응대하며 서빙하고 있다. 그러한 모습을 보면 기분까지 좋아진다. 방문한 날이 7월 23일 중복이라 삼계죽 한 그릇 먹으면서 "오늘 같은 날 삼계죽 드시라고 문자 좀 보내셨나요?"라고 물었더니 너무 바쁘면 힘들까봐

겁이 나서 문자 보낼 생각을 못했다고 한다. 그래도 고객이 맛깔참죽 죽집을 잊지 않도록 이슈성 문자는 필요하다고 조언했다. "8월 12일 말복엔 〈오늘 말복, 삼계죽 먹고 힘내세요. 맛깔참죽 가락점〉이란 내용으로 문자를 보내세요"라고 얘기했다. 아울러 배달이 많아서 지치면 배달 대행 서비스로 보완하면 별도로 인력을 쓰는 것보다 효율적이라고 조언해주었다.

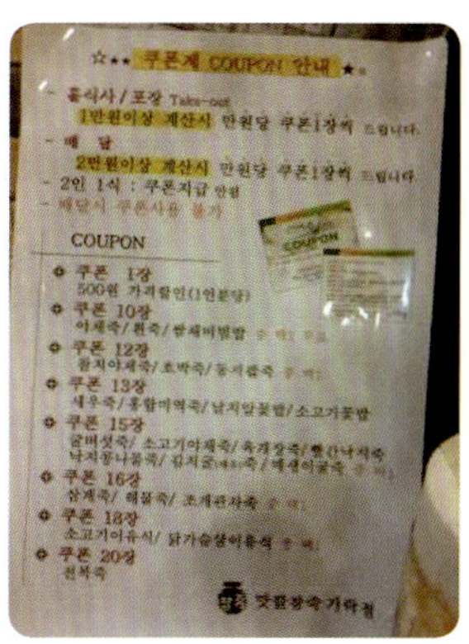

가락점 쿠폰 전단지

요즘처럼 어려운 불경기에 얼마나 고생하실까 라는 생각에 정릉점 사장님에게 "요즘 매출 어떠십니까?"라고 질문하였더니 "매출은 꾸준합니다. 오히려 안정적으로 자리가 잡힌 것 같습니다"라고 답했다. 의외의 긍정적인 얘기를 듣고 보니 참 좋았다. 그럼 정릉점은 왜 그렇게 장사를 잘하고 있을까?

입지로 보면 점포가 상가의 지하 2층에 있고 거기서도 찾아가기 쉽지 않은 곳에 자리 잡고 있는데 말이다. 다음은 잠깐 있는 동안 보고 발견한 내용이다.

첫째, 대화를 통해 고객에게 맞춤 서비스를 제공한다.

정릉점은 테이블에 메뉴판이 없다? 손님이 "메뉴판요"라고 하면 카운터에서 메뉴판을 갖다 주면서 고객이 원하는 것이 무엇인지 대화하면서 파악하는 기회를 갖는다. 『장사의 신』이라는 일본 책을 보면 고객과 최대한 많이 얘기하는 수다쟁이가 장사 잘하는 사람이라는 내용이 있다. 예를 들어 생선을 구워줄 때에도 일부러 한쪽만 굽고 한쪽은 굽지 않은 채 제공한다. 고객이 한쪽 면을 다 먹을 때가 되면 다시 한쪽 면을 노릇노릇 구워주면서 대화하고 접촉한다. 그날 정릉점 사장님은 장염에 걸린 고객에게 해물도 부담스럽다면서 야채죽으로 추천하는 것을 보았다. 대화를 통해 고객 맞춤 서비스를 제공하는 모습이 좋았다.

둘째, 일관성을 지킨다.

음식의 맛, 서비스, 식재료 등을 일관성 있게! 점주들은 조금만 어려우면 원가절감이라는 이유로 맛을 떨어뜨리는 경우가 종종 있는데, 정릉점은 음식의 질만큼은 항상 지켜나가고 있다.

입구에는 읽을 책과 잡지 등이 비치되어 있고 이달의 여성 잡지가 잘 정돈된 채 놓여 있다. 사실 몇 년째 운영하는 음식점에 비치된 잡지를 보면 대부분 몇 달 지난 과월호가 진열되기 일쑤이다. 정릉점은 잡지의 진열이나 음식의 질이나 늘 일관성을 지키는 것에 장사 잘히는 비결이 있다.

셋째, 꾸준히 홍보한다.

사장님은 "배달하면서 뿌리거나 틈틈이 뿌리는 자석 스티커가 가장 효과가 있더군요"라고 말한다. 정릉점은 꾸준히 자석 스티커를 뿌리고 문자를 월 1~2회 반드시 발송해서 고객홍보를 지속한다. 또 수시로 '만원의 행복'이라는 떡갈비 서비스 이벤트 등을 진행하고 있다. 혹시 사장님도 꾸준히 홍보하고 있나요?

넷째, 긍정적인 마인드를 가진다.

"핸드폰 충전하세요"라는 문구를 붙여놓고 고객에게 서비스하라는 조언에 "아 좋네요"라며 바로 수용하는 긍정적인 마인드를 보였다. 요즘처럼 힘들면 경기 탓만 하며 한숨 쉬거나 남 탓하기 십상인데, 바로바로 해결해나가려는 노력이 참 좋았다.

정릉점 이야기에서 보듯이 죽집은 단골 장사이다. 이렇게 고객에 대한 맞춤 서비스, 일관성 있는 맛과 잘될 거라는 긍정의 마인드가 있기에 장사를 꾸준히 유지하는 것이다. 사장님의 희망대로 더 잘되어 1층이나 보다 좋은 상권에서 더 많은 매출을 올리는 날이 하루속히 오길 바라본다.

정릉점 사장님은 2015년 가을 본인의 바람대로 길 건너편 1층으로 맛깔참죽을 이전해 지금 새 점포에서 열심히 장사 중이다.

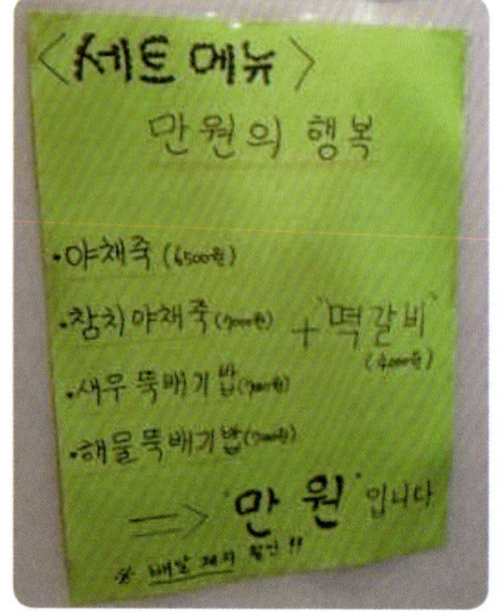

이와 같이 고민하고 있는 한 사장님의 점포에 대해 매장 암행평가(미스터리 쇼퍼)를 했다. 다음은 그 결과이다.

점심시간에 유동인구나 홀 손님이 얼마나 되는지 알아보기 위해 점심시간부터 방문했다. 해당 점포의 상가는 지어진 지 오래되었지만 아직 제대로 활성화되지 못하고 있었다. 점심시간임에도 유동인구에 비해 홀은 비교적 조용했다. 1시간 정도 밖에서 둘러보다 1시쯤 홀에 들어가서 해물 뚝배기밥과 참치 야채죽을 주문했다.

직원은 총 2명이 있었으며, 매장에 들어서는 순간 작은 매장에 손님은 없는데 엄청 분주해보이고 뭔가 어수선해보였다. 입구에는 짐들이 쌓여 있고, 쇼케이스에는 매장과 어울리지 않는 제품들이 전시되어 있으며, 점주 같은 분이 입구 바로 앞의 테이블에서 재료를 손질하고 있었다.

주문을 하는데 직원은 별다른 설명 없이 멀뚱멀뚱 서 있었다. 밥 먹고 나갈 때 포장해간다고 했던 음식은 주문했던 음식보다 먼저 나왔다. 점주 같은 분의 목소리는 엄청 커서 텔레비전 소리보다 더 크게 매장 안을 울렸다. 다 먹고 나와 돌아다니면서 둘러보니 3시 정도까지는 꾸준히 한 테이블씩 손님이 있었다. 저자가 암행평가를 위한 방문이 아니라 일반 손님으로 왔다면 정말 다시는 오고 싶지 않은 매장이었다.

매장의 문제점

- 매장 입구부터 너무 어수선함
- 직원에게 얘기할 때 손님에게도 정확히 들리는 큰 목소리
- 매장과 상관없는 TV 프로그램
- 손님의 의견을 반영하지 않는 직원 태도
- 기본적인 서비스 마인드 부족

사장님들, 장사가 안되면 불경기를 탓하기 전에 내 점포를 점검해보자. 당장 체크 후 수정하자. 바로 매출과 연결된다.

매장 내외 청소, 정리정돈, 근무 옷차림, 고객 응대, 맛 등을 말이다. 이 불경기에도 장사 잘하는 맛깔참죽 사장님들은 이러한 기본을 실제로 잘 지키고 있다.

# 라면 잘 끓이는 법, 죽 장사 잘하는 법!

프랑스에서 활동 중인 한 선교사한테 들은 얘기이다. 자신들이 라면을 끓이는 것보다 현지 프랑스인이 훨씬 더 맛있게 끓인다는 것이다. 어떻게 끓였기에 맛있을까? 비결은? 라면 봉지에 있는 레시피대로 정확히 조리했기 때문이란다.

장사 잘하는 법도 마찬가지가 아닐까? 쭉 지켜보고 살펴본 바로는 우리 맛깔참죽과 음식점 사장님들이 장사 잘하는 비결도 정해진 매뉴얼을 지키는 데 있다. 즉 정해진 맛을 지키고 내부 위생을 챙기며 서비스를 지키는 것이다. 특별한 방법이 있지 않다. 그냥 기본을 지키고 일관되게 꾸준하게 유지하는 데 있다.

음식 장사를 하다 보면 처음 창업할 때 배운 레시피를 본인의 입맛대로 조리하고 익숙해지면 대충대충 해도 큰 차이가 없으니 내 식대로 맛을 낸다. 식재료의 절감을 위해 식재료의 품질과 양을 지키지 않는 것도 쉽게 생각한다. 그게 그거지라면서 일부 맛의 변화를 크게 개의치 않는 분들을 많이 본다.

또 서비스 매뉴얼에 규정된 하얀 티셔츠와 청결한 앞치마를 착용하고 근무하는 것도 어느 정도 지나다 보면 다른 색깔의 셔츠를 입어도, 심지어는 청결치 않은 앞치마를 해도 무감각해진다.

규정에 나와 있는 일관성 있는 서비스를 하지 않는 것에 대해 너무 쉽게 생각한다. 라면은 레시피대로 끓이지 않아서 짜든지, 싱겁든지, 혹은 퉁퉁 불어 터지든지 한 끼 식사로 끝나지만, 장사는 이러한 일관성이 없으면 어느새 고객들이 점점 줄게 된다. 고객에 대한 일관되지 않은 맛과 응대는 바로 매출로 연결된다.

라면을 맛있게 끓이는 것도 장사를 잘하는 것도 정해진 매뉴얼을 지키는 데 있다. 장사 잘하는 방법은 이처럼 매뉴얼을 일관성 있게 지키는 것이 기본이다.

낯선 사람들의 도시 – 고객 트렌드

'낯선 사람들의 도시(The City of Hysterie)'는 『아프니까 청춘이다』의 저자로 유명한 김난도 교수가 『트렌드코리아 2013년』이란 책에서 밝힌 트렌드 10대 키워드 중 첫 번째로 꼽은 내용이다.

이 책에서 제시한 고슴도치 사진이 낯선 사람들의 모습을 잘 보여주고 있다. 뾰족뾰족하게 돋은 가시가 촘촘히 솟아 있는 고슴도치의 웅크린 모습에서 각박하고 히스테릭하며 여유 없고 피곤에 지친 최근 우리들의 모습이 떠오른다. 오히려 최근에는 사람들이 더 까칠해지고 분노 조절 장치가 작용하지 못한다는 소리를 들을 정도로 더 날카로워졌다.

왜 이렇게 우리가 까칠한 사람들이 되어갈까? 왜 이러한 주제를 하나의 트렌드로 꼽았을까? 경제적 어려움과 좌절, 취업난, 전세난, 치열한 경쟁, 폭력, 성폭행 등 사회적 불안의 팽배에 따른 불안감으로 인해 이런 모습이 나타난다고 한다.

"왜 이렇게 죽이 늦게 나와요?" "머리카락 나왔어요." "뚜껑이 잘 안 닫혀 죽을 엎질러 옷 버렸어요. 세탁비 주세요." "낙지죽에 오징어 쓴 것 아니에요?"

어쩌면 올해 우리 사장님들은 이러한 유형의 클레임에 노출되는 사례가 점점 많아질 것 같다. 이들을 억지주장을 부리는 블랙 컨슈머라고 치부할 수도 있지만 요즘은 보통의 고객들도 너그럽게 넘기지 않을 가능성이 커졌다. 평소 같으면 넘어갈 작은 실수에도 큰소리치고 웩웩댈 수도 있다. 과거와 달리 클레임의 강도가 세지는 추세이다. 목소리도 커졌고 인터넷에도 올린다, 어디어디에 신고한다는 등 장사하는 사장 입장에서 듣기가 겁날 말도 쉽게 한다. 2년 전쯤 블랙 컨슈머를 코미디화한 정태호의 "바꿔줘!"처럼 웃고 넘길 일이 아닌 것 같다.

장사하는 우리 사장님들!
항상 낯선 사람들이 많다는 상황을 염두에 두고 고객 클레임 처리에 만전을 기해야 한다. 먼저 이물질이나 손님 접객의 실수를 줄이는 노력을 기울이고, 혹시 있을지 모를 작은 실수에 따라 클레임을 당하거나 악의적인 블랙 컨슈머에 당하지 않도록 조심해야 한다. 이러한 리스크를 잘 관리하지 않으면 치명적인 결과가 초래될 수도 있다는 점을 명심해야 한다.

반대로 이와 같은 클레임을 잘 관리하고 처리하면 오히려 우호적인 고객으로 바뀔 수도 있다는 점도 명심하자. 클레임을 제기하는 고객은 오히려 조용한 불만고객보다 나을 수도 있다. 불만을 표시하지 않은 채 그대로 가게를 이탈하거나 주변의 많은 사람에게 부정적인 평가나 악소문을 퍼뜨리는 얼굴 없는 고객보다는 백배 나으니까 말이다. 상대하고 싶지 않지만 클레임 고객은 얼굴을 맞대고 해결할 수 있는 기회가 있기 때문에 오히려 다행이라고 생각하는 역발상이 필요하다.

"사장님! 오늘부터라도 우선 흰색 티셔츠에 깐끔한 맛깔참죽 잎치마로 고쳐 입고 주방모자도 꼭 쓰십시오. 그리고 활짝 웃는 얼굴로 친절하게 손님을 대하십시오."

이렇게 우리가 고객 접객을 잘한다면 오히려 낯선 사람들에게 "맛깔참죽은 맛있고 친절하다"고 소문나서 장사 잘되는 가게가 되지 않을까?

 ## 음식점 사장님의 가장 중요한 업무는?

음식점 사장님의 역할은 무엇일까?

특히 작은 규모의 점포 사장님이라면 조리, 서빙, 배달, 경영관리, 종업원 인사관리 등등 멀티 플레이어의 역할을 한다. 최근 경기도 안 좋고 소비도 위축되어서 매출이 안 좋다고 한다. 그러면 앞의 업무 중 어느 것을 가장 우선시해야 할까?

『가게 이렇게 하면 성공한다』의 저자 도미타 히데히로는 전혀 다르게 얘기한다. 그는 점포가 장사가 안되면 왜 안되는지를 생각하기 위해 먼저 1주일이든 며칠간 가게 문을 닫고 '생각하라'고 말한다.

저자는 처음 이 말이 쇼킹했다. 더 열심히 가게 문을 열고 시간을 연장해도 부족할 판에 가게 문을 닫고 생각하라니. 그러다가 있는 고객마저 다 떨어지면 어떡하지 라는 걱정부터 들었다. 하지만 이 컨설턴트는 단호히 문 닫고 생각하라고 주문한다. 즉 음식점 사장님의 가장 중요한 업무는 '생각 업무'라는 것이다.

이 컨설턴트가 1,000군데 이상의 음식점에 컨설팅 경험이 있는 전문가이고 컨설팅 후 187%의 매출 신장 기록을 가진 베테랑 컨설턴트라는 점에 비추어 보면, 그의 조언은 뚱딴지같은 말이 아니라 다시 한 번 새겨들어야 할 말이다.

‘왜 매출이 저조한지? 메뉴는? 내 가게의 맛이나 소비자 평가는? 내 가게의 고객 만족도는? 서비스는? 우리 내부의 경쟁력은?’

먼저 자신의 가게를 리뷰하고 꼼꼼히 체크해서 그 방안을 생각해야 한다. 장사하면서는 그리고 일에 묻혀서는 어떤 생각도 할 수 없다. 그날그날 장사 안되는 상황이나 결과에 일희일비하거나 한숨만 쉬며 걱정한다고 해서 문제 해결을 위한 적극적인 어떤 생각이 나오지 않는다. 이처럼 저자는 보통 음식점 사장들의 하루 일상과 조건을 냉철한 시각으로 본 것 같다. 또 가게 내부에 파묻혀 있다 보면 실제로 생각해보려고 해도 자신의 점포를 객관적으로 바라볼 수 없다는 점도 고려해서 ‘문 닫고 생각하라’고 쇼킹한 제안을 한 듯하다.

‘언뜻 막혀 있는 것처럼 보이지만 찬찬히 주위를 둘러보면 길은 반드시 있다.’ 웅진 윤석금 회장의 『긍정이 걸작을 만든다』라는 책에서도 생각을 강조한다. 즉 생각을 거듭하는 습관이 창조적인 문제 해결의 힘이라고 말한다. 평범한 세일즈맨에서 시작해 5조2,000억 원의 매출을 올리는 14개 계열사의 회장이 된 분이 하는 말이고 보면 역시 허투루 들을 얘기가 아니다.

개인적으로 윤석금 회장을 만날 기회가 있어 들은 얘기도 마찬가지이다. IMF 이후 110만원 하는 정수기의 매출이 폭락하자 렌탈 제도로 바꿔 기사회생시킨 아이디어도 회사에서 집으로 퇴근하는 차 속에서 1시간 30분간 깊이 몰입해서 생각해낸 발상이라고 한다.

결국 장사 안되는 음식점 사장님이 가장 먼저 해야 할 일은 외부 환경과 변수를 탓하기보다 먼저 내부의 경쟁력을 살펴보고 그 방안을 생각하고 생각하는 것이다. 그러면 반드시 매출을 활성화할 기회가 있다. 어려울 때일수록 한 발 물러나 바라보고 생각하자. 가게에 얽매여 좁게 조급하게 생각하지 말고 가게를 빠져나와 생각해보자.

음식점 사장님의 가장 중요한 업무는 바로 '생각 업무'이다. 데카르트는 "나는 생각한다. 고로 존재한다"라고 했는데, 맛깔참죽 사장님은 "생각한다. 고로 장사가 잘된다"를 실천해보길 권한다.

자영업 컨설팅 최우수 컨설턴트로부터 엿보는 죽집 장사비결

(사)소상공인 컨설팅협회의 부산지회 지회장 김우태 소장은 중기청 자영업 컨설팅 최우수 컨설턴트로 뽑힌 바 있다. 그가 최우수 컨설턴트로 인정받은 것은 컨설팅을 받은 자영업자의 성과가 좋았고 만족도가 높았기 때문이다. 그럼 어떻게 컨설팅을 해서 자영업자의 문제를 해결하고 성과를 내어 매출을 올려주었을까?

첫째는 컨설팅 수행 시 문제점 등 진단 결과를 바로 주지 않는다. 즉 컨설턴트가 해당 점포의 문제를 진단하고 상담한 후 바로 문제 상황이나 약점을 제시하는 것이 아니라, 대신 점주가 직접 상황을 파악하고 진단할 수 있도록 점주에게 조사를 시킨다. 점주가 본인의 상권을 직접 조사 및 분석하게 하고 본인 점포와 경쟁 점포를 직접 평가해서 점수를 매기게 한다. 그래서 고객의 성향을 알게 하고 점주 점포의 현재 상태와 경쟁력을 스스로 진단하고 깨닫게 한다. 만약 바빠서 이러한 사전조사를 할 수 없다고 하거나 소홀히 한다면 가게 문을 닫고라도 하게 한다. 이렇게 점주 스스로 느끼고 깨달아야 제시하는 영업 활성화 해결책을 실행하기 때문이다.

둘째는 문제 해결책을 점주에게 바로 제시하지 않고 점주가 스스로 해결책을 찾아보도록 요청해서 답을 얻게 한다. 즉 컨설턴트가 일방적으로 해결방안을 제시하기보다는 점주 본인이 생각하는 해결책을 컨설턴트가 맞다 틀리다고 판단해서 발전시켜 주는 것이다. 이왕이면 점주가 생각하는 해결방안이 있으면 그 방향으로 잘 실행할 수 있게 아이디어를 덧붙여주고 효과적인 방안을 제안해준다. 기존에는 컨설턴트가 좋은 방안을 제시해도 그 방안에 대해 칼질하고 판단하면서 실행을 주저해 갑갑했고 실행도 안 되어 결과가 약했다고 한다.

요컨대 문제를 점주가 깨닫게 하고 그 답도 점주가 찾도록 하며 컨설턴트는 그 해결책을 효과 있게 하기 위해 아이디어를 덧붙여주고 실행하게 한다는 것이다. 즉 점주가 스스로 깨닫고 찾으며 실행하도록 하는 것이 최우수 컨설턴트의 핵심 비결이다.

우리 죽집 사장님들도 장사가 부진하거나 원하는 매출이 오르지 않을 때 슈퍼바이저들이 문제도 진단하고 해결책도 제시하지만 막상 "그렇게 하면 잘 될까?" "나도 생각해본 아이디어인데"라며 주저하고 실행이 부족해 좋은 해결책이 성과로 이어지지 못하는 경우를 본다.

우리 회사도 김우태 지회장의 코칭식 접근방법으로 바꿔서 우리가 먼저 해결책을 제시하기 전에 점주가 스스로 깨닫고 찾으며 실행하도록 하는 것도 좋은 방안으로 보인다. 시간이 조금 걸리더라도 점주가 스스로 찾은 해결방안에 우리의 좋은 아이디어와 전국 점포들이 경험한 아이디어를 덧붙여 실행시킨다면 반드시 효과가 나타나리라고 본다.

 ## 5why – 묻고 또 물어라! 현재 매출의 이유를

우리가 코칭을 받아 최근 우리 회사에서 업무의 툴로 적용하는 '5why'에 대해 소개해본다. 목표와 성과 사이의 갭이 무엇이고 그 갭의 이유가 무엇인가를 다섯 번에 걸쳐 묻고 물어 개선책을 찾는 업무 처리 방식이다. 바로 답을 찾지 않고 먼저 5why부터 하는 것이다.

5why란 이런 것이다.

박물관 외관 벽의 부식이 심해 외관을 깨끗하게 관리하기 위해 해마다 많은 비용을 들여서 새롭게 페인팅을 하고 있는 경우에 5why를 적용해서 창의적인 새 해결책이 나온 사례이다.

- 왜 외관 벽의 부식이 심할까를 생각해보니 비누 청소를 자주하기 때문이다.
- 그럼 왜 비누 청소를 자주할까를 물어보니 비둘기 배설물이 많이 묻어서이다.
- 그럼 왜 비둘기 배설물이 많을까를 생각해보니 비둘기의 먹이인 거미가 많아서이다.
- 그럼 왜 거미가 많을까를 생각해보니 불나방이 많아서이다.
- 불나방이 많은 이유는 실내 전기를 주변보다 일찍 5시에 켜놓기 때문이다.
- 외관 벽을 깨끗이 관리하기 위한 해법은 7시에 실내 전기를 켜는 것이었다.

최근 『창조경영 트리즈』란 책에서는 이러한 생각 과정을 양파 까기로 소개하고 있다. 이유가 무엇일까를 한번 양파 까듯이 까보고 또 까보고 까보다 보면 당연히 여기던 것들을 새로운 시각으로 보게 되어 창의적인 아이디어가

도출된다고 한다.

도요타자동차도 삼성 이건희 회장도 다섯 번을 왜? 라며 물으라고 강조했다고 한다. 앞서의 왜?(이유)를 파고 또 파는 식은 물론 아니지만 다섯 번을 다음과 같이 물으라는 것이다.

첫째, 왜 그런가?

둘째, 이 정도로 괜찮은가?

셋째, 무언가 빠뜨린 것은 없는가?

넷째, 당연하게 생각하는 것들이 정말 당연한 것인가?

다섯째, 좀 더 좋은 다른 방법은 없는가?

요즘처럼 불경기 상황에서는 그리고 성숙기 단계에서는 뭔가 새로운 차별화가 절실하다. 치열한 경쟁 상황에서 경쟁사보다 경쟁력 우위가 필요하고 뭔가 남들이 안 하는 색다른 창의적인 발상이 필요한 시점이다. 남들이 하는 비슷한 방식으로는 이러한 상황에 대처해나갈 수가 없다. 바로 이런 상황에 왜? 왜? 왜? 왜? 왜?를 묻고 답하는 5why가 매우 중요하다.

그런데 막상 우리가 배운 대로 적용해보니 쉬운 일은 아니다. 늘 익숙한 대로 편하게 일해 온 우리에게는 분명 머리에 쥐가 나는 일이다. 하지만 어렵더라도 해야만 하는 일이다. 우리의 업무를 한 단계 업그레이드시키고 새로운 아이디어를 만들어 회사의 경쟁력을 높이기 위해서이다. 그래서 고객에게 더 좋은 서비스와 제품을 제공하고 이를 통해 우리를 더 키워가기 위해서 말이다.

죽집이 장사 잘되는 방법 − 『장사의 신』 책에서

일본 이자카야 업계의 전설이자 『장사의 신』이란 책으로 유명한 우노 다카시는 자영업자에게는 나름대로 이기는 방법이 있다고 강조한다. 어느 지역 작은 가게에서 "이 손으로 직접 담근 거야" 하며 할머니가 주름 가득한 손으로 맛깔스러운 채소 겉절이를 내주는 서비스는 대형 점포에서 절대 흉내 낼 수 없다는 것이다. 그는 큰 가게들과는 다른 스타일로 가게를 운영한다면 손님이 오지 않을 일이 없다고 말한다.

그는 수도권에만 20개가 넘는 이자카야 가게를 소유하고 있다. 그의 가게에서는 꽁치 소금구이를 내놓을 때 손님 앞에서 표면을 가스버너로 살짝 구워 노릇한 자국을 내는데, 위쪽만 하고 아래쪽은 해주지 않는다. 그러고는 메뉴를 내어주며 "뒤집어 드실 때 한 번 더 구워드릴 테니까 불러주세요"라고 한다. 그러면 손님이 반쯤 먹을 때 슬쩍 다가가 "역시 맛있죠"라고 말도 붙일 수 있고 주변 테이블에도 어필할 수 있다는 것이다. 그는 "그냥 주문받은 음식을 자리로 나르기만 하는 건 팔 생각이 없는 것과 마찬가지이다"고 말한다.

손님이 많아 요리가 늦게 나가기 십상인 날에는 직원에게 한 테이블에 음식이 나갈 때 반드시 양옆 테이블에도 "아직 안 나온 게 있나요?"라며 물어보라고 한다. 항의가 나오기 전에 예방 조치를 취하는 것이다. 그렇게 했는데도 "음식이 안 나와요!" 한다면 "죄송합니다. 바로 가져다 드리겠습니다!"라고 대답한다. "잠깐만 기다려주세요"는 안 된다고 그는 강조한다.

남녀가 같이 쓰는 화장실에서 남자 직원이 나오다가 여자 손님과 마주치는 경우가 종종 있다. 여자 손님이 싫어하는 경우이다. 그래서 그 가게에서는 직원이 화장실에 갈 때에는 '1분 청소 중'이란 팻말을 걸어놓는다. 그렇게 하면 손님이 덜 불쾌하고 '청소해줬구나'라며 오히려 좋은 인상을 갖게 된다는 것이다.

그는 "요식업은 100엔짜리 토마토를 슈퍼마켓에서 산 뒤 50m 떨어진 이자카야에서 냉장고에 시원하게 뒀다가 썰기만 해도 300엔이 될 수 있는 엄청난 장사"라고 말한다. 그 차액인 200엔은 음식점 주인과 종업원들의 '마음'이라고 한다.

- 지식비타민 사이트 중 발췌

이유식 활성화하려면 어떻게 할까?

죽 전문점의 특화된 메뉴군으로 이유식을 활성화하면 이유식뿐만 아니라 전체 매출이 좋아진다. 그럼 이유식죽의 판매를 어떻게 높일 수 있을까? 실제로도 이유식죽을 더 많이 알리기 위해 노력하는 매장이 많다.

1. 전용 전단지를 활용하자!

이유식죽의 장점만 콕콕 집어서 이유식 전단지를 만들었다(뒷면은 전체 메뉴 설명).

2. 매장에 홍보물을 적용하자!

매장 외부에 이유식죽을 강조해 홍보물을 부착하는 것도 좋은 방법이다.

3. 세트 메뉴로 응용해보자!

- 이유식죽 2세트 + 떡갈비 1개 무료 제공
- 이유식죽 1세트 + 전복죽 + 떡갈비 1개 무료 제공 등

전용 전단지

명지퀸덤점

화성 병점점

성남 수진점

　이유식죽을 세트 메뉴로 하면 아이들이 좋아하는 떡갈비를 무료 제공함으로써 고객의 구매 충동을 자극할 수 있다.

　건강을 고려해 만든 맛깔참죽 안심 이유식죽~! 이유식죽은 꾸준히 반응이 좋다. 병원 옆이나 사무실 상권과 같이 특수한 곳을 제외하고는 보통 이유식이 활성화된 매장은 대체로 전체 매출이 좋다. 화성 병점점, 별내신도시점, 명지퀸덤점, 배방점 등이 대표적이다. 그렇다면 그 이유는 무엇일까?

- 이유식죽 고객이 단골로 형성
- 주변에 좋은 입소문
- 이유식이 끝나도 일반 죽 고객으로 연장
- 이유식 주문하면서 다른 죽도 추가 주문 가능

　어떤가? 이유식죽이 가져오는 여러 가지 좋은 점이 많다. 이유식죽을 활성화하면 전체 매출이 오른다.

죽집 상권 점포

상권분석 노하우는 따로 있다

chapter 5

내 가게 수익구조를 따져 점포를 선정하자!

첫 3일의 매출은 임대료로 나간다.

한 달 30일 영업하면 첫 3~4일간의 매출액은 임대료(10~14%)로 나가고, 다음 5일간의 매출액은 인건비(17%)로 나가며, 다음 10~12일간의 매출액은 식재료비(35~40%)로 나간다. 마지막으로 2일간의 매출액을 일반관리비(5%)로 지불하고 나면 약 7~8일 정도의 매출액이 점주의 이익으로 남는다.

임대료	인건비	식재료비	일반관리비	이익
10~14% (3~4일간 매출)	17% (5일간 매출)	35~40% (10~12일간 매출)	5% (2일간 매출)	24~33% (7~8일간 매출)

보통 오픈 시 점포 위치를 선택할 때 해당 점포의 예상 매출액을 뽑아보고 3~4일 동안의 매출액 정도가 임대료 수준이 되는지를 살펴보면 적정 점포인지를 판단할 수 있다. 임대료가 200만원인 경우에 하루 60~70그릇의 죽을 팔아서 일 50~60만원의 매출, 월 1,500~2,000만원의 매출이면 500만원 전후의 수익이 가능한 자리이다. 막연히 비싸다 싸다가 아니라 적정 매출액 대비 수익성을 판단하면 된다.

오픈 후 운영 시에는 임대료나 인건비 등은 거의 고정 경비로 정해져 있다. 따라서 창업 초기에는 임대료를 고려해서 점포 작업을 하고 운영 중에는 식재료가 차지하는 비율이 이익의 관건이라고 할 수 있다.

　식재료 비율이 원가구성에서 지나치게 높은 구조라면 팔아도 남는 게 없다. 죽 전문점 맛깔참죽 점포와 김밥 전문점 점포가 똑같이 하루 50만원을 팔아도 맛깔참죽의 수익이 많은 이유도 바로 식재료의 원가 비중 때문이다.

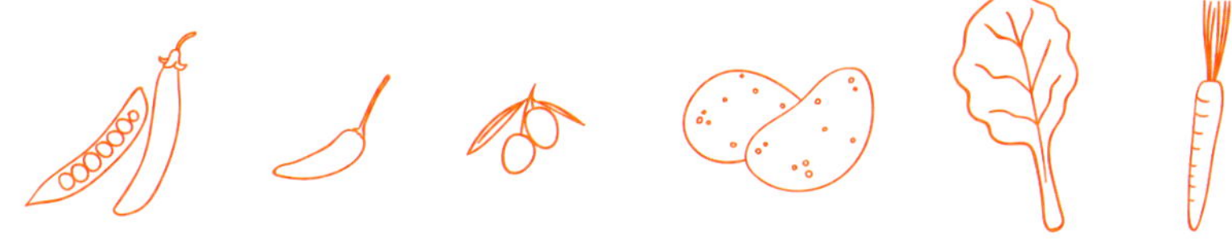

점포 선정 前 창업 권리금에 대해

권리금은 어떻게 이해해야 할까?

내가 원하는 점포에 들어가려면 어쩔 수 없이 권리금을 주고서라도 들어가야 하고 그렇지 않으면 권리금이 없는 입지가 떨어지는 점포에 들어가야 한다. 초보 창업자의 입장에서 권리금은 부당하게 보이기도 하고 지나치게 많이 주지는 않나 우려되기도 하는 것이 사실이다. 초보자들이 권리금을 지나치게 무서워하다 보면 좋은 점포를 찾기가 어렵다. 그런데 권리금은 사실상 장사의 보증수표이다. 권리금이 있다는 얘기는 그만큼 장사가 된다는 반증이다. 그래서 오히려 거품 끼지 않은 적정 권리금이나 가치보다 상대적으로 싼 권리금을 찾는 노력이 더 현실적이다.

적정 권리금은 어느 수준일까?

권리금은 바닥 권리금, 시설투자비와 영업 권리금을 합한 액수로 보면 된다. 시설투자비는 3~5년을 감가상각 기간으로 본다. 즉 5,000만원을 들여서 창업했다고 해도 3년(혹은 5년)이 지나면 제로가 된다. 바닥 권리금은 신축일지라도 그 상권의 기본 권리금으로 깔려 있는 돈으로 왠지 명분 없는 경우도 있고 모든 점포에 다 적용되지는 않는 금액이다. 영업 권리금은 점포를 운영하면서 형성된 인지도나 브랜드 파워가 손님을 확보해놓아 일정한 수익을 보장해주는 대가로 주는 금액이다.

그럼 3년이 지난 허름한 삼겹살집이 하루 100만원을 판다고 하자. 이 집의 적정 권리금은 얼마일까?

시설투자비는 3년이 지난 만큼 제로로 놓고 보면 영업 권리금이 바로 권리금이다. 그럼 얼마의 금액을 적정 영업 권리금으로 인정해야 할까? 이때는 바로 1년간의 영업이익을 개략적인 권리금으로 보면 된다. 하루 100만원 매출에 30일 영업한다면 3,000만원 매출을 올리며, 이에 따른 영업이익률을 25%로 놓고 보면 개략 750만원 정도가 월 영업이익이다. 이를 12개월로 환산하면 약 8,000만원 정도가 권리금으로 추산된다.

그러나 최종 권리금은 파는 사람과 사는 사람의 최종 협상력에 따라 결정된다. 8,000만원 정도가 적정 권리금이라고 할지라도 내가 급히 팔고 이민을 가야 한다면 그 이하로 싸게 합의할 수도 있고 내가 팔기 싫으면 1억 원을 준다고 해도 안 팔 수도 있다. 결국 위와 같은 권리금 계산은 권리금이 지나치게 과도한지 혹은 싼지를 판단하는 하나의 참고자료로 삼아 권리금 교섭에 활용해야 한다.

권리금 없는 새 점포와 권리금 있는 점포 중 어느 쪽을 선택할까?

다음 중 어느 점포를 선정해야 할까?

· A 점포: 보증금 5,000만원에 권리금 없이 임대료 300만원인 신축 점포
· B 점포: 보증금 3,000만원에 권리금 2,000만원이고 임대료 200만원인 점포

초기 투자금액은 5,000만원으로 똑같지만 A 점포는 권리금이 없다는 장점이 있는 반면, B 점포는 임대료가 싸다는 이점에도 불구하고 2,000만원의 권리금 회수를 생각하면 불안하다. 창업을 준비하는 여러분은 어느 점포를 선택하겠나?

초보 창업자들은 흔히 권리금이 없는 A 점포를 선호하는 경우를 자주 보게 된다. 하지만 권리금이 있어도 임대료가 싼 B 점포를 추천한다. 왜일까?

첫째, 월 임대료 300만원과 200만원의 차이는 창업 후 운영 중 굉장한 변수이다. 월 임대료 300만원 점포는 하루 75~85만원을 팔고 임대료 200만원 점포는 하루 50~60만원을 팔아야 적정 수익을 가져갈 수 있다. 약 25~30만원의 일 매출 차이는 매일매일 영업하는 데 상당한 부담이 된다. 광열비, 식재료비 등은 매출 수준에 따라 줄일 수 있고 인건비까지도 줄일 수 있지만, 임대료는 빼도 박도 못하기 때문에 장사가 안될 경우에는 가장 큰 고정비용 부담으로 작용한다. 그래서 높은 임대료 부담으로 장사에 쫓기게 된다.

둘째, 권리금은 혹시 회수하지 못할지 모른다는 불안감 때문에 무권리 점포를 선호한다. 하지만 그렇게 불안해할 정도로 권리금을 떼이는 경우란 막상 흔치 않다. 안 좋은 건물주로 인해 권리금도 못 받고 쫓겨날지 모른다는 우려는 건물주의 성향이나 전력을 살펴보면 어느 정도 파악되므로 불식시킬 수 있다. 그리고 임대차보호법 등으로 보호되는 부분도 있다. 오히려 권리금을 불안해하기보다는 임대기간이 보장된 5년 동안 더 장사를 잘해서 그 권리금을 회수하거나 더 많은 권리금을 챙겨갈 생각으로 적극 대응하는 것이 바람직하다.

셋째, 최악의 경우에 권리금을 확보하지 못한 상황을 가정할지라도 월 100만원씩 3년간의 임대료 차액 3,600만원을 생각하면 권리금 2,000만원은 결코 손해가 아니다. 3년을 계산한 이유는 자영업자의 평균 운영 유지 기간이 약 3년이기 때문이다.

넷째, 권리금이 형성되어 있다면 일단 그 점포는 그만큼 상권의 가치가 있다고 보는 것이 타당하다. 실질적으로 신축 점포도 상권과 목이 좋으면 기존 영업자의 영업 권리금과 무관하게 바닥 권리금이라는 명목으로 권리금이 형성되기 마련이다.

예비 창업자들은 흔히 권리금을 떼일 수도 있다는 불안감과 신축 점포의 깨끗함과 번듯함 때문에 A 점포를 선택하는 경향이 있다. 그러나 권리금은 있을지라도 임대료가 상대적으로 저렴하고 상권의 가치가 확인된 B 점포가 유리하다는 점을 알아야 한다.

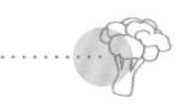
죽 전문점/죽집 창업 – 좋은 상권 알아보기

1. 대형병원 + 대학가 상권

젊은 층에서 다이어트에 죽이 좋다는 인식으로 인해 이러한 상권은 좋은 매출을 보인다. 또 죽 전문점은 죽이 아플 때와 같이 특별한 경우에 먹는 음식이 아니라 한 끼 식사로도 충분하다는 인식 때문에 인기가 좋다.

2. 대형병원 + 오피스 상권

오피스 상권은 직장인들이 많기 때문에 점심 매출이 아주 좋다. 대형병원도 있어 안정적인 매출을 뒷받침하므로 점심 매출을 극대화할 수 있어 장사가 잘된다고 보면 된다.

3. 대학가 상권

대학가 상권은 어느 정도 수요가 있지만 대학가라는 입지 하나로만 장사가 잘되기는 어렵다. 방학이라는 장기간의 비수기가 있어 시작부터 큰 리스크를 안고 간다는 점에 유념해야 한다. 방학 시의 매출 하락폭을 많이 줄이려면 대학가 상권 중에도 복합적인 소비가 이루어지는 상권을 택해야 한다. 학생들에게 죽 수요는 아직 약간의 한계가 있는 것이 사실이다.

4. 대형 백화점이나 마트 상권

유동인구가 많고 주부들이 많이 찾는 상권이다. 요즘 죽은 젊은 주부들에게 인기 있는 음식이므로 매출이 대체로 좋은 편이다. 그러나 푸드코드 쪽으로 죽 전문점을 차리는 것은 위험성이 크므로 주의해야 한다. 대형 백화점이나 마트 상권으로 들어가려면 매장의 위치를 접근성이 좋은 앞쪽이나 통행로 상에 잡는 것이 좋다.

5. 오피스 상권

요즘은 오피스 상권에서도 죽 전문점을 흔히 볼 수 있다. 죽은 직장인들이 많이 선호하는 음식의 하나인데, 아프면 먹는 음식이 아닌 일반 음식으로 자리 잡은 데다 양도 많아 오피스 상권의 직장인들에게 인기가 좋다. 그러나 주 5일제라는 악재가 있고 보증금과 월세가 비싸다는 점도 염두에 두어야 한다. 오피스 상권의 경우에 짧은 점심시간을 상대해야 하므로 공간은 15평 이상이 좋다. 상대적으로 테이크아웃 손님도 주택가 상권보다 적다. 메뉴는 죽 메뉴 외에 웰빙식사로 어울리는 식사 메뉴와 복합적일 때 매출이 높다.

6. 대단위 아파트 주택가 상권

대단위 아파트 주택가 상권은 죽 전문점 창업에 좋은 상권이다. 고정 손님을 잡으면 안정적인 매출을 올릴 수 있는 자리이다. 그래서 단골손님의 관리가 가장 중요하다.

죽 전문점은 이제 하나의 음식점으로 자리잡았다. 아픈 사람만 먹는 음식이 아니라 건강식과 다이어트식으로 각광받고 있는 시기이다. 더군다나 죽 전문점은 매출액에 비해 순이익이 높은 업종으로 안정적인 수입을 올릴 수 있다. 그러나 이러한 죽 전문점이라고 해도 좋은 상권과 확실한 자리만이 매출과 투자 수익을 극대화할 수 있다. 그러므로 예비 창업자들은 신중히 결정해야 할 것이다.

내 점포 어디에 있어야 좋은 입지일까? – 1

1. 권리금, 싼 게 비지떡이다.

점포를 물색하는 사람들의 한결같은 바람은 어떻게 하면 목도 좋고 권리금도 없는 점포를 구하는가이다. 주변 상가의 평균 권리금을 파악해보면 그 상권의 수준을 대충 파악할 수 있는데, 의외로 권리금이 터무니없이 싸거나 없는 점포가 있다. 이때 사람들은 권리금이 싼 이유를 조목조목 따져보지 않고 자기 입장에서만 유리하게 생각해서 덥석 계약하는 경우가 허다하다. 권리금이 없거나 싼 점포를 찾기보다는 그 지역의 평균 권리금을 알아보고 필요 이상으로 권리금에 거품이 끼어 있는지를 파악하여 절충하는 것이 더 중요하다. 주인이 자주 바뀌면서 시설을 자주 해서 권리금에 거품이 끼어 있는 경우나 본인에게는 필요하지 않은 시설로 인해 권리금이 과도한 경우에는 주변 상가의 평균 권리금에 맞추어 깎는 방법이 효과적이다. 하여튼 주변 상가보다 턱없이 권리금이 낮거나 없는 점포는 장사 목이 좋지 않은 경우가 많으므로 계약하기 전에 그 이유를 꼼꼼히 따져봐야 한다.

2. 손님은 계단을 싫어한다.

사람들은 비싼 돈을 내고 헬스클럽에 가서 죽어라 땀을 빼며 운동하면서도 막상 일상생활에서는 계단 하나 오르는 것조차 싫어한다. 점포를 물색하다 보면 위치도 좋고 외형도 번듯한데 장사가 시원치 않은 장소가 있다. 자세히 살펴보면 점포 앞에 2~3개의 계단이 있거나, 다른 점포보다 건물이 뒤로 들어가 있거나, 점포 앞을 차가 가로막고 있는 경우가 많다. 이러한 경우에는 소규모 점포로는 적합하지 않다고 볼 수 있다.

3. 주인이나 간판이 자주 바뀌는 점포는 피한다.

어떤 점포는 유난히 업종이나 주인이 자주 바뀐다. 이러한 점포는 고객들에게 나쁜 인상을 심어주고 고객들은 필요 이상으로 그 점포에 대해 거부 반응을 나타낸다. 음식점은 주변 고객을 위주로 장사하는 경우가 대부분이므로 고객들에게 한번 나쁜 인상을 심어준 점포는 새로운 메뉴로 간판을 갈아 단다고 해도 쉽게 좋은 인상을 주기가 어렵다. 이와 같은 점포를 장사 경험이 풍부한 전문가가 장기적인 안목으로 헐값에 인수해서 살려내는 경우도 있으나, 초보자들의 경우에 조건이 조금 좋다고 해서 욕심을 내어 달려드는 것은 금물이다. 문제는 이러한 점포의 사정을 알아내기가 쉽지 않은 것이다. 점포 주인이나 건물주에게 물어보면 사실대로 얘기해주지 않는다. 그렇다고 그 지역에 살고 있지 않는 이상 주인이나 업종이 언제 바뀌었는지를 알 수가 없다. 이를 알아내는 방법은 주변의 노점이나 슈퍼에서 물건을 사면서 자연스럽게 물어보는 것이다. 이런 식으로 몇 군데 물어보다 보면 계약하려는 점포의 상황을 파악할 수 있다. 아니면 네이버나 다음의 지도검색에서 로드뷰로 보면 시점별로 변경된 점포 사진을 확인할 수 있다.

4. 가게의 외부 및 내부 조건을 살펴본다.

가게가 멀리서도 잘 보이는지, 전면이 넓은지, 간판을 크게 달 수 있는지,

사방에서도 잘 보이는 위치인지 등을 살펴봐야 한다. 전면이 좁고 깊은 가게
는 평수가 넓어도 가시성이 떨어져 좋은 점포가 아니다. 내부도 살펴보아 반
듯한 사각형 모양인지 혹은 사각형 형태가 아니어서 귀퉁이가 죽었는지, 중간
에 있는 큰 기둥 때문에 효율이 떨어지는지, 지나치게 천장이 낮은지 등도 함
께 체크한다.

좋은 점포를 구하려면 입지조건의 파악 요령을 알아야 한다. 점포 앞의 통행량과 통행 흐름, 전면이 눈에 띄는지 여부(가시성), 접근 편리성, 점포 모양새 등과 같은 조건을 따져서 내 점포의 좋은 자리를 찾는다. 그렇다면 구체적으로 좋은 입지는 어떻게 알아볼 수 있을까?

1. 유동인구도 유동인구 나름이다.

상권 내 유동인구가 많을수록 좋은 상권임은 틀림없다. 따라서 좋은 입지를 고를 때에는 배후 못지않게 점포의 유동인구 수를 확인하는 것이 중요하다. 그래서 점포 앞을 지나다니는 사람의 수를 파악해야 하는데, 시간과 인력을 투자해서라도 반복해서 조사해야 정확한 결과를 얻을 수 있다. 하지만 유동인구는 많아도 머무르지 않고 흐르는 자리는 피해야 한다. 또 지나치게 혼잡해서 편하게 먹기 어려운 곳이면 패스트푸드 등 회전율이 빠른 일부 음식점 외에는 적당치 않다.

유동인구는 시간대와 요일별로 파악해야 하는데, 시간대는 점심시간대(정오 12시~오후 2시), 저녁시간대(저녁 6시~저녁 8시)와 밤 시간대(밤 9시~밤 11시)로 나누어 하루 3번 조사한다. 유동인구 수의 파악과 아울러 해당 경쟁업소 약 3군데를 선정하여 점포의 유동인구 수 대비 점포 방문자 수도 조사하여 평균 방문율을 알아본다. 이러한 조사 자료를 토대로 내가 잡고자 하는 점포의 유동인구 수에 평균 방문율을 곱하면 점포의 예상고객 수를 가늠해볼 수 있다. 물론 경쟁력은 전혀 고려치 않은 일방적인 수치이긴 하지만, 이 수치에 자신의 점포 규모에 따른 고객 수용인원, 객단가, 자신의 맛에 대한 노하우 정도 등을 감안하면 예상 매출액을 추산해볼 수 있다. 여기까지 검토해보면 최종 점포 계약 여부까지도 판단할 수 있다.

2. 노점상은 노른자위에 진을 친다.

상권에서 가장 좋은 자리를 한눈에 알아보는 방법은 노점상이 어디에 진을 치고 있는지를 살펴보는 것이다. 특별한 경우를 제외하고는 노점상들은 가장 장사가 잘되는 곳에 자리를 잡게 되어 있으며, 상권은 대개 이 지역을 중심으로 동심원식으로 퍼져나간다. 이 방법은 사람이 많이 다니는 어느 상권에서 어느 위치가 특별히 좋은 자리인가, 내가 내려는 점포의 입지는 어느 위치에 놓여 있는가를 가늠할 때 사용하는 가장 중요한 방법이다. 그러나 노점상들의 위치를 파악할 때에는 이들이 자연적으로 생겨서 퍼져나간 것인지, 어떤 일정한 지역에 구역정리에 의해서 생긴 것인지를 알아봐야 한다. 자연발생적으로 생긴 노점상들의 위치를 그 상권에서 핵심 지역으로 보면 된다.

3. 이면도로가 유리하다.

복잡하거나 산만하고 소음이 나는 대로변 등은 음식을 편하게 먹기에 부적당하다. 음식점은 큰 도로변보다는 오히려 이면도로가 유리하다. 물론 회전율이 빠른 패스트푸드 등의 음식점이나 대형 음식점은 예외이다.

4. 물은 낮은 곳으로 모인다.

사람은 올라가는 것보다 내려가는 것이 편하다. 상가도 어느 기점을 중심으로 올라가는 쪽보다는 내려가는 쪽이 활성화되어 있다. 전철 이대역을 중심으로 보면 신촌역 방향으로는 내리막길이고 아현동 쪽으로는 오르막길이다. 전철역을 중심으로 내려가는 쪽의 상가가 훨씬 활성화되어 있다. 본인이 내려는 점포가 전철역, 버스 정류장이나 중심 상권을 기준으로 내리막에 있는지 오르막에 있는지를 살펴본다. 낮은 쪽에 위치한 점포가 일반적으로 좋은 점포이다.

5. 상가의 연속성이 끊어진 점포는 피한다.

시장조사를 하다 보면 도로 중간에 공터가 있거나 엉뚱한 업종이 들어가 있고 그 다음에 몇몇 상가가 이어지는 경우가 종종 있는데, 여기서부터는 상권이 단절되었다고 보면 된다. 가격이 싸거나 권리금이 없어 이러한 점포를 계약하는 수가 있으나, 이런 자리에서는 고생을 하는 경우가 많다. 고객들은 상가의 연속성이 끊어지는 곳에서 다시 돌아오게 되고 그 뒤에서 아무리 노력해봐야 소용없다. 도로 중간에 놀이터, 주차장, 공터, 빈 가게 등이 있는 곳이나 저녁에 일찍 문을 닫는 업종인 우유 배달, 카센터, 부동산 등이 바로 옆에 있는 곳은 피한다. 점포는 상권의 연속성이 있는 범위 내에서 선정하는 것이 좋다.

6. 출근 길목보다는 퇴근 길목이 좋다.

아침에는 출근하는 직장인들로 바글바글하지만 저녁에는 한가한 곳이 있고, 반대로 아침에는 한가하지만 저녁에는 퇴근하는 직장인들로 붐비는 곳이 있다. 음식점은 당연히 아침보다는 점심이나 저녁에 매출이 많으므로, 여유가 있는 퇴근시간대에 고객이 많은 쪽, 즉 퇴근 길목이 좋다.

1. 음식점은 대형보다는 중소형 아파트를 끼고 있는 것이 좋다.

대형 평수의 아파트 주민들은 소득수준이 높고 생활이 안정된 층이 많다. 이들의 소비 행태는 대부분 차를 타고 멀리 나가서 쇼핑하고 음식도 단골 위주의 고급 음식점을 택해서 먹는 경향이 있다. 또 50대 이상 층이라서 자녀도 대학생 이상으로 가까이에서 외식하는 경우가 많지 않다. 이러한 이유로 고급 주택가나 대형 아파트 단지 내의 소매상가가 활성화되지 못하는 경우가 많다. 반면 중소형 아파트 주민들은 맞벌이 부부가 많고 가족 중심의 소비 행태를 보인다. 외식을 해도 가까운 곳에서 한다. 게다가 이들은 아이 중심으로 움직이기 때문에 아이가 뭘 사달라고 하면 아파트 근처에서 소비를 한다. 이 때문에 주변의 소매상가가 활성화되고 외식업도 자연히 장사가 잘된다. 그리고 아파트만 밀집되어 있는 곳보다 단독주택, 연립주택 등이 함께 포함되어 있는 곳이 더 안정된 상권이다.

2. 발품을 팔아 상권 변화를 탐문조사 한다.

배후지 인구, 유동인구와 업종구성 분석을 통해 상권을 파악했어도 상권은 자꾸 변화한다. 이러한 변화는 외형만 봐서는 파악이 힘들므로 제대로 파악하려면 시간을 들여 발품을 팔아가면서 탐문조사를 하는 것이 가장 좋다. 그 지역에 진을 치고 장사하는 노점상, 구멍가게 등에 들러 물건을 좀 팔아주면서 "이 지역 경기가 요즘 어때요?" 하면서 이것저것 물어보면 자세히 알 수 있다. 향후 재개발 예정지가 있는지, 대형 시설이 인근에 신축되면서 상권이 빠

저나가는지 등을 꼼꼼히 파악해야 한다. 또 그 지역의 음식점들에 식재료를 납품하는 재료상에게 물어보는 것도 아주 효과적인 방법이다. 그전보다 물품의 소비량이 늘고 있는지 아니면 줄고 있는지, 본인이 앞으로 음식점을 하나 개업하고 싶은데 어느 지역이 적당한지 등을 물어보면 자세하게 얘기해준다.

3. 빛 좋은 개살구는 먹을 게 없다.

인천 S호텔 뒤편으로는 대형 먹자 상권이 형성되어 있다. 언뜻 보면 어떠한 음식점을 창업해도 돈을 벌 수 있을 것 같은 생각이 들 만큼 상권도 커져 있다. 그러나 이러한 상권은 이미 너무 대형화되어 별 실익이 없다. 상권이 너무 비대해져 공급이 수요를 초과해서 한마디로 말하면 빛 좋은 개살구인 셈이다. 주변 구매력에 알맞은 적정한 상권이 형성되어 있어야 하는데, 상권이 너무 커진 것이다. 또 노원구 중계동의 은행사거리는 배후에 아파트 단지가 있고 대형 빌딩이 꽉 들어차 있다. 언뜻 보면 주요 은행을 비롯한 상가시설이 많고 큰 빌딩이 밀집되어 있어 음식 장사하기 좋은 곳 같다. 하지만 은행을 제외한 빌딩에 들어선 업종은 사무실보다는 중고등학생 대상의 학원과 보험사가 많이 보인다.

이와 같은 상권에서는 점심 수요가 별로 없다. 직장인 수도 많지 않고 주부들도 점심을 밖에서 먹는 일이 거의 없다. 따라서 점심 위주의 음식점은 고전할 수밖에 없다. 그렇다고 저녁식사를 즐길 만한 곳으로도 약간의 한계가 있다. 겉은 반듯하고 그럴싸해보여도 실속은 약한 곳이다. 이러한 곳에는 대

규모 아파트 단지를 대상으로 한 치킨 등 배달 음식이나 상가 입주자, 자영업자와 은행에 온 아파트 주부나 주민을 대상으로 한 한식 및 분식류가 적당한 업종이다. 죽집도 이런 상권에는 괜찮다.

대전광역시 둔산동 상권

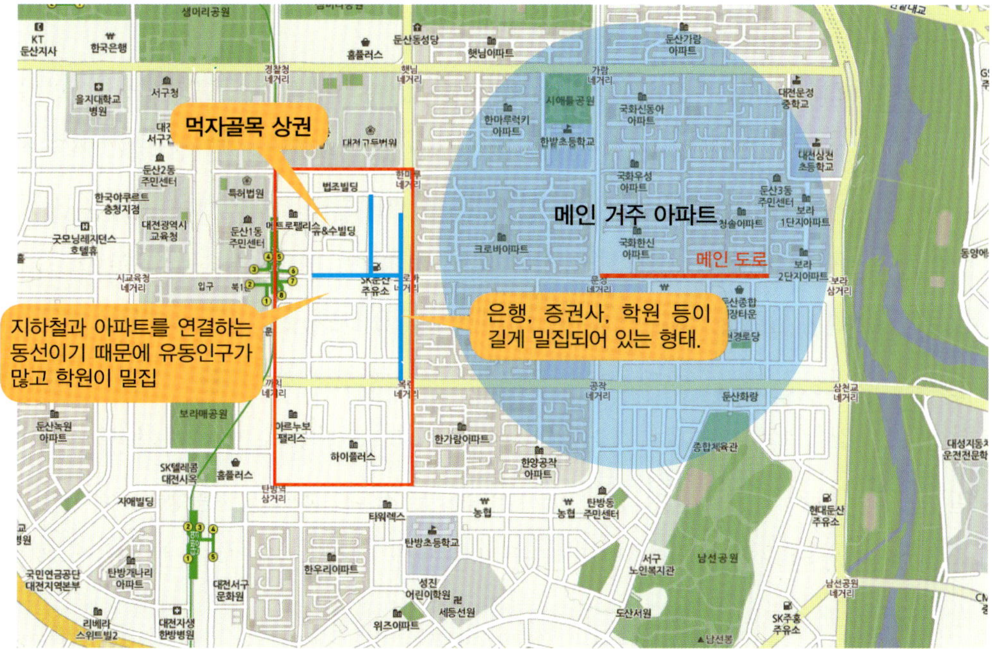

*둔산동 아파트는 밀집도가 높고 소득수준이 높아 배후지가 든든한 상권임. 점포가 비싸고 많지 않은 특징.
(특히 권리금 시세가 높음)

- 지하철역 출구 건물 뒤편에 있는 점포는 입지가 좋지 않음.
  유동인구가 많지 않고 매출이 저조하여, 배달로 승부
- 법원 앞은 전형적인 오피스텔 상권이라서 공무원과 회사원이 많음.
  점심 매출이 상당히 높을 것으로 판단됨.

상권은 그 점포에 자주 오는 고객들이 분포되어 있는 지역범위를 말한다. 주로 방문고객의 70%를 차지하는 지역범위를 1차 상권, 약 20%에 해당하는 지역범위를 2차 상권, 그 외의 지역범위를 3차 상권으로 본다.

거리 개념으로 따지자면 1차 상권은 반경 500m~1km 정도, 2차 상권은 3km 이내, 3차 상권은 6km 이내의 범위를 가리키기도 하지만 교통 발달과 자가용 때문에 상권은 거리 개념만으로 한정짓기 어렵다.

상권은 아파트 단지, 사무실, 쇼핑센터 등 배후 인구수와 상권 내 업종구성을 통해 본 경쟁 상황이 중요하다. 입지는 점포가 위치한 한 개의 점으로 점포의 가시성과 접근성, 통행의 흐름, 점포의 모양새 등이 중요한 요소이다.

상권분석 방법을 보면 다음과 같다.

1. 해당 상권의 지도를 직접 그려본다.

상권지도는 단지 위치만이 아니라 해당 점포가 속한 같은 상권 내의 업종구성, 도로교통 시설, 아파트나 빌딩, 대형 쇼핑센터 등이 나타나도록 그려야 한다. 상권지도를 직접 그려보면 전체를 한눈에 파악할 수 있다.

예를 들어 영등포구청 앞을 보면 뒷골목으로 아파트, 구민회관, 경찰서 등의 시설과 대로변으로 지하철역 등이 나타날 수 있다. 원하는 음식점 자리의 주변 점포들을 자세히 기록해 전체 상권의 업종구성을 알아볼 수도 있다. 전체 업종구성 중 음식점 구성비가 매우 높으면 전형적인 먹자골목인 경우가 많다. 이러한 상권에서는 저녁 매출이 큰 비중을 차지해 술과 고기를 취급하는 음식점이 많다. 이와 같은 방법으로 상권을 상세하게 체크해보고 어떤 가게를 어떻게 차별화해 창업할 것인지를 결정할 수 있다.

광명사거리역 상권

① 전철역 인근: 유동인구 많음(이마트, 브랜드 의류매장, 병원, 재래시장)
② 개인병원들이 많이 몰려 있음
③ 배후지 인구의 인구 밀집도가 높음(빌라, 다세대 주택 밀집)
④ 광명 외곽으로 나가는 교통의 요지

2. 잠재고객 수를 파악한다.

상권지도를 통해 나타난 아파트, 빌딩 사무실 등의 거주인구나 상주인구를 조사해야 한다. 인구는 동사무소나 구청에 가면 확인할 수 있고 구청 등 지자체의 인터넷 홈페이지를 통해서도 바로 확인이 가능하다.

동네 상권의 경우에 부동산에 물어보면 주변의 아파트 세대수가 몇 세대인지를 알 수 있다. 또 도서관 등에 비치된 지역별 상권분석 책자를 참고해도 된다. 이렇게 상권 내의 인구 조사를 해서 내가 하고자 하는 음식업종의 고객층이 충분한지를 파악해야 한다. 가장 쉽고 빠른 방법은 중기청 소상공인지원 포털의 상권분석 서비스를 이용하는 것이다.

성공창업의 Key는 바로 상권분석이다

창업을 하기로 결정하였다면 가장 먼저 고민되는 것은 바로 '상권'이다. 좋은 상권을 확보하기는 쉽지 않다. 왜냐하면 본인이 창업하고자 하는 메뉴에 맞춰 점포를 찾다 보면 분명 좋은 상권에는 같은 업종의 음식점이 꽉 차 있고 그보다 더 좋은 입지의 점포를 찾으려면 비용이 비싸기 때문이다.

이렇게 열심히 점포를 찾는 이유는 무엇일까?

우선 상권분석의 정의를 살펴보자. 상권 전체가 성하는지 쇠하는지를 파악하는 것과 개별 점포의 성공 및 실패 여부를 파악하는 입지조건 분석을 묶어 상권분석이라고 한다. 성공하는 창업의 길은 바로 이 상권분석에 있다고 해도 과언이 아니다. 특히 상권의 번성도를 반드시 파악해야 하는 이유는 사람들은 거리가 멀어도 사람과 소비가 번성하는 곳에서 소비하려는 경향이 있으므로 애초에 상권력이 약한 곳에 입지하면 실패율이 높기 때문이다.

어떻게 상권 번성도를 분석해야 할까?

1. 지형지세 파악

대개 상권의 형태는 지형지세에 의해 이루어진다. 즉 높고 낮은 곳 중 낮은 곳에 상권이 형성된다. 낮은 곳은 도로가 지나가고 교통망이 확충되어 있어 유동인구가 저절로 모이므로 상권이 형성되는 것이다. 경사진 곳은 유동인구가 흘러가므로 버스 정류장이나 교차 사거리가 이런 곳에 있다면 오히려 좋지 않다. 지하철역이 이런 곳에 있어도 상권 형성이 매우 어렵다. 한 건물에서도 지상 2층보다는 지하 1층의 이용률이 더 높다. 피해야 할 상권은 경사진 곳, 높은 곳과 편평한 곳이다. 도시계획 등으로 인해 높고 낮은 곳 없이 편평하게 밀어버린 시 외곽지역 대단위 아파트 단지나 신도시 등은 상권의 번성이 어렵다.

2. 점포 숫자와 배후지 세대수 분석

이와 같이 상권은 지형지세에 의해 결정된다. 여기서 한 가지 더 부가적으로 살펴봐야 할 것이 있다. 점포 숫자와 배후지 세대수를 알아보면 상권력을 파악해볼 수 있다. 상권력은 모여 있는 점포가 많을 때 그리고 대형 편의시설을 끼고 있을 때 강하다고 한다. 점포가 많다는 것은 배후지 세대수가 많다는 의미이다. 이처럼 점포 숫자와 배후지 세대수 또는 이용고객 수 간에는 상호 유기적인 관계가 있다.

3. 교통망 연계성 및 도로조건 분석

상권은 교통망 등의 변화에 의해 번성하기도 하고 쇠퇴하기도 한다. 특히 지하철과의 연계 여부는 상권의 성쇠와 밀접한 관계가 있다. 여기서 지하철역 주변 상권이 모두 좋은 것은 아니라는 점을 알아둘 필요가 있다. 상권이 번성하려면 지하철 등 대중교통망 연계성이 좋아야 하는 것은 당연하지만, 상권이 작으면 오히려 죽는 수도 나온다. 사람들은 거리가 멀더라도 큰 상권으로 가서 소비하는 심리가 있기 때문이다.

4. 대형 편의시설 및 장애물 시설 유무

어떤 상권이든지 상권이 번성하는 곳은 그 지역의 중심지이다. 그러한 중심지에는 또한 각종 편의시설이 집중되어 있다. 은행, 쇼핑센터, 대형 의류점 등이 있는 곳은 대부분 좋은 상권이다. 하지만 학교, 운동장 시설 등은 상권을 분할한다.

출처: 창업경영신문 http://www.sbiznews.com에 게재된 한누리창업연구소 박경환
    소장 글에서 발췌

이상과 같이 창업을 위한 상권분석에서는 여러 가지 부분을 고려할 필요가 있다. 그러나 초보 창업자는 물론 경험자도 상권분석은 현실적으로나 시간적으로 어려운 점이 많다.

이 점포는 과연 죽집으로 가능할까? 이곳에 창업하면 얼마나 팔 수 있을까? 맛깔참죽은 오랜 컨설팅 경험과 많은 죽 전문점의 창업 노하우를 토대로 상권의 체계적 분석과 입지 판단을 통해 장사 잘되는 점포를 판단하고 추천해준다.

근처에 다른 죽집이 있는데 창업해도 되나요?

Q 근처에 다른 죽집이 있는데 창업해도 되나요?

A 일단 근처에 경쟁 죽집이 이미 있다면 그곳에 들어가기가 쉽지 않을 수도 있다… 하지만 꼭 그렇지만도 않다.

웬만한 자신감이 있지 않으면, 특히 초보 창업자라면 더 주저되는 상황이다. 그러나 죽집을 창업하고 안 하고는 근처에 죽집이 있느냐 없느냐의 문제만은 아니다.

근처에 이미 죽집이 있고 특히 장사가 잘되고 있다면 같은 상권에서 나눠먹

기나 되지 않나 해서 우려도 되고 경쟁이 겁나기도 한다. 하지만 반대로 이미 그 상권에서 죽에 대한 수요가 있다는 점을 확인했으니 그곳에서 기존 죽집보다 경쟁력을 갖춰 창업하면 되겠지 라는 적극적인 생각으로 접근할 수도 있다.

그러나 초보 창업자라면 이렇게 적극적인 생각을 하기가 쉽지 않을 수도 있다. 그래서 개인의 자신감만으로 판단하거나 반대로 불안감으로 움츠러들지 말고 그 상권의 크기를 먼저 보고 결정하는 것이 좋다. 즉 죽의 수요량을 파악하기 위해 상권 내 세대수, 사무실 상주인구나 병실의 병상 수를 알아보면 죽의 수요 예측이 가능하다. 그러면 그 수요량을 보아 추가로 죽집을 창업해도 될지, 창업하면 예상 매출액은 얼마나 될지를 어느 정도 가늠할 수 있다.

물론 이렇게 파악된 상권 및 매출 분석 자료로도 예측이 정확하지 않은 부분이 있다. 죽집이 추가로 생기면서 경쟁 효과와 복수 죽집의 파급 효과로 자연스럽게 상권 내에 죽에 대한 수요가 늘어나 매출이 올라가는 경우가 많다. (맛깔참죽의 창업사례로 보면 이는 사실이다.)

예를 들어 200그릇을 상권 내 총수요로 보았는데, 실제로는 또 하나의 죽집이 생기면서 자연스레 250그릇으로 늘어나는 경우가 많다. 상권 및 매출 분석 자료에 의한 결과는 어디까지나 객관적 수요량 예측이다. 실제 매출은 시장의 수요량을 얼마나 우리 죽집으로 연결시키느냐는 창업자의 주관적 역량과 체인 본사의 경쟁력이 작용해서 만들어진다. 사실 최근에는 경쟁력 요소가 중요해지다 보니 바로 이러한 창업자와 창업 시스템의 경쟁력이 갈수록 중요해지고 있다.

자!! 결론이다.

근처에 죽집이 있다고 창업을 회피하거나 두려워하지 말고 먼저 전체 상권조사를 통해 죽 수요량을 파악하면 또 하나의 죽집이 가능한지 아닌지를 판단할 수 있다. 상권량으로 볼 때 창업이 가능하다는 판단이 나온 경우에는 더 좋은 입지의 점포를 찾거나, 경쟁 죽집과 최소 300m 떨어진 곳에 위치하거나, 라인을 달리하면 된다. 그리고 경쟁력을 갖춰 창업하는 노력이 더 우선이다. 구체적으로 본인이 염두에 둔 점포가 있는가? 그러한 점포의 상권분석 및 수요량 파악을 통해 판단하면 된다.

죽 전문점 점포 구입 전에 꼭 입지, 상권량과 법적 조건을 체크하자!

1. 접근성

• 대중교통을 이용한 접근이 용이한가? (지하철역, 버스 정류장, 마을버스 등)

• 횡단보도나 육교와의 거리는?

• 도로와의 접근성이 양호한가?

• 주차장이 필요한 업종인가?

• 입지 앞에서 교통체증이 있는가?

• 경사, 계단, 턱 등 장벽이 있는가?

2. 상권 특성

• 상주인구의 수와 경제적 수준은 어떠한가?

• 반경 500m 이내에 경쟁 업소 현황은 어떠한가?

• 해당 지역의 주택 밀도와 세대별 평수는?

• 유동인구의 특성은 어떠한가?

• 마을버스, 백화점 셔틀버스가 상권에 미치는 영향은?

• 내가 하고자 하는 업종과 상권의 특성 간에 부합 여부는?

3. 가시성

• 점포 전면의 노출 상태가 양호한가?

• 점포가 몇 미터 전방에서 보이나?

• 간판 설치와 인테리어 시공에 문제가 없는가?

4. 경쟁력 및 수익성

- 경쟁 점포는 어디에 위치하고 그 점포의 고객 흡인력은 어느 정도인가?

- 경쟁 업소와의 차별화 전략은 있는가?

- 하고자 하는 업종에 대한 점포 규모의 적정성은?

- 자발적 수요와 잠재적 수요의 창출 가능성은?

- 기대 매출이 합리적으로 설정되었는가?

- 권리금, 보증금, 임대료가 적당한 수준인가?

5. 법적 문제

- 도시계획 상의 하자나 법적으로 문제가 있는 건물은 아닌가?

- 음식점이 가능한 근생시설인가?

6. 배후지역 세대수 및 인구 현황 파악 표

- 아파트 단지 세대수 및 인구수

- 대형 사무실 상주인구

- 백화점, 공공시설, 은행 등 출입 인원

얼마나 팔 수 있을까? 죽집 점포 계약 전 상권분석 실전 노하우

막상 죽집 창업을 앞두고 좋은 점포를 찾기란 쉽지 않다. 어떤 자리가 좋은 자리일까? 비싼 점포가 좋을까? 창업비용이 부족해 무조건 싼 점포에 창업해도 될까? 죽집 상권 점포를 찾는다면 다음을 참고한다.

첫째, 상권량을 보아야 한다. 반경 500m 안에 세대수, 인구수와 직장 상주인구 수가 얼마인지, 그래서 죽집을 창업할 만큼 충분한 고객이 있는지를 판단해야 한다. (맛깔참죽은 필요한 세대수와 인구수에 관한 데이터, 상권량에 따른 예상 매출의 경험치 및 예측 노하우를 가지고 있어서 충분히 분석하고 판단해준다.)

둘째, 연령대별 및 성별 인구수를 통해 죽 소비가 활발히 이루어지는 고객층이 있는지를 살펴보아 상권의 질까지도 따져봐야 한다.

셋째, 죽과 궁합 업종인 병의원, 약국 등 관련 업종의 존재, 밀집도 및 연계성을 살펴봐야 한다.

넷째, 금융기관 등 유입시설의 존재 여부를 확인해야 한다.

다섯째, 죽의 경우와 비슷한 고객을 상대로 하는 업종의 유명 브랜드를 통해 상권을 검증한다. 예를 들어 고객층이 같은 파리바게트와 같은 제과점의 존재, 동선, 입지 등을 통해 파악한다.

여섯째, 간판 가시성, 잠깐주차 가능성, 평수 등 입지적 측면을 살펴봐야
한다.

일곱째, 경쟁 죽집의 존재와 입지 비교를 통해 경쟁관계를 분석해야 한다.
예를 들어 3,000세대가 살면서 죽집이 없는 상권에 창업하는 것이 좋을까?
아니면 5,000~6,000세대가 살면서 이미 죽집이 있는 상권에 창업하는 것이
좋을까? 여러 상황별로 적절한 분석과 판단을 하는 기준과 경험을 토대로 판
단해야 한다.

여덟째, 점포의 임대료, 보증금 및 권리금의 적정 수준을 판단하고 평가해
야 한다. 창업 초기비용에서는 권리금이 중요하고 운영 중에는 임대료가 중요
한 변수이다. 임대료가 예상 매출에 따른 부담 가능한 임대료인지를 살펴봐
야 한다.

마지막으로, 근생시설, 정화조 용량, 도시가스, 전압 용량 등 시설을 살펴
보고 법적 조건, 담보대출과 소개해준 부동산을 등기부등본과 건축물대장을
통해 확인해야 한다.

물론 완벽한 조건의 점포는 없다. 그러한 점포가 설사 있더라도 비싸서 창업할 수 있는 조건이 아닐 수도 있다. 그래서 싸다 비싸다, 좋다 나쁘다 라는 기준보다는 본인의 창업자금, 원하는 수익 목표 등을 고려해서 가능하냐 가능하지 않느냐 라는 기준으로 점포를 선택하는 것이 중요하다. 완벽하지는 않지만 가능한 점포를 선택하고 욕심껏은 아니지만 본인의 수익 목표를 가능케 하는 점포를 선택한다.

죽집 홍보 마케팅

죽집 마케팅은 따로 있다

chapter 6

요즘은 광고 홍보 효과가 정말 떨어진다. 과거에는 전단지 1,000장 뿌려서 20~30건의 주문전화가 와도 참 효과가 없다고 투덜대던 점주가 있었는데, 요즘은 1,000장 뿌려서 10건의 주문을 받기도 참 힘들다는 얘기를 듣는다.

홍보 효과를 높이기 위해서 전단지 배포량을 늘리거나, 배포 방법을 바꾸거나, 아니면 제작물의 내용을 임팩트 있게 하는 등등 많은 노력을 하지만 예전보다 효과가 떨어지는 것은 확실하다. 구매력의 감소도 감소지만 그보다는 전단에 고객들이 반응하는 정도가 점점 떨어지고 전단의 홍수 속에서 그 효과가 반감되기 때문이다. 조간신문에 많은 양의 전단지가 끼워져 들어와도 그냥 분리수거 휴지통에 처박히는 안타까운 상황이다.

홍보비도 만만치 않고 돈을 투자해도 그 효과가 기대 이하이다. 또 전단지 등 기존의 매체에서 인터넷과 모바일 기반의 홍보 수단 및 방법으로 바뀌어가면서 일반 자영업자들이 하는 기존 홍보 방법의 효과가 점점 약해지고 있다. 이러한 상황에서 돈 안 들이고 홍보하는 방법, 그것도 효과가 100%인 홍보 방법이 있다.

인사하자!

오픈 전 시설하는 한 달 동안 손 놓고 있지 말고 사전 홍보를 하자. 매일 상권 내 골목을 청소하자. 빗자루로 쓸면서 지나가는 사람에게 "안녕하십니까? 좋은 아침입니다"라고 인사하자. 처음 보는 사람은 기웃기웃하겠지만 이내 기분 좋게 응대한다.

그리고 한낮에는 같은 상권 내 미용실, 부동산, 문방구, 병원, 약국 등을 방문해서 명함도 뿌리고 인사해보자. 그러면 틀림없이 오픈 후 마음씨 좋은 사장님이 운영하는 음식점이라거나 요즘 보기 드문 젊은이가 운영하는 가게라는 등 좋은 이미지로 인해 장사가 잘될 수 있다. 인사하자. 돈 한 푼 안 들이는 최고의 홍보 방법이다.

실제로 성남 수진점의 경우에 오픈 이후에도 가게 앞을 깨끗이 청소하고 항상 깔끔하게 단장했다. 그랬더니 주변 상가도 관심을 가져주면서 긍정적인 움직임이 주변에도 영향을 미쳐 더 좋은 상권이 되어가는 것 같다는 말을 해주었다고 한다. 주변 상가와 우호적인 관계를 이어나가는 것 역시 좋은 홍보 방법이다.

메뉴에 빠지지 말고 손님에 빠져라!

맛없으면 끝! 형편없는 맛으로 장사 잘되는 집을 봤는가? 아마 없을 것이다. 그럼 맛있는데 장사 안되는 집을 봤는가? 아마 많을 것이다. 왜일까? 맛있으면 메뉴만 좋아도 장사가 잘된다고 생각하는데, 맛만으로 승부하는 시대는 끝났다.

　이제는 메뉴보다 한 사람 한 사람 고객에게 더 집중하자. 밝은 얼굴로 고객을 대하는 응대, 편안한 서비스, 한 번 온 손님을 기억해주는 관심 등등. 이렇게 고객을 챙겨야 장사가 잘된다. 물론 맛없으면 아예 존립 근거가 없어지긴 하지만, 현재의 경쟁 상황에서는 맛뿐만 아니라 고객에서도 활로를 찾아야 한다. 고객에게 집중하는 것, 맞춤 서비스하는 것이 입소문을 만들어낸다. 이것이 돈 안 들이는 최선의 홍보이다.

# 매장의 활기! 웃으면 매출이 올라간다

어떤 날은 하루에 3곳의 맛깔참죽 점주를 만난 적이 있다. 강남의 한 점주는 최근 매출이 20% 올랐다고 얘기하면서 역시 정성껏 요리하고 장사하다 보니 장사가 잘되더라고 하며 아주 밝은 표정으로 미소를 지으면서 자랑했다.

또 다른 맛깔참죽 점포는 오피스가에 위치하고 있었는데, 마침 12시가 지난 점심시간에 방문했다. 그래서인지 손님이 정신없이 몰려들고 있는 상황이라서 서빙과 음식 세팅을 약 40분 정도 도와주고 나서야 잠깐 점주와 얘기를 나눌 수 있었다.

이 점주는 바쁜 와중에도 걸려온 전화에 대응을 잘하고 있었다. "00아파트라고요? 아 아침에 흑임자죽 시켜 드신 손님 맞죠? 추가로 전복죽과 호박죽 배달해달라고요?"라고 친절하게 전화를 받는 것도 좋았지만 아침에 죽 배달해준 고객을 다시 걸려온 전화만으로 기억해내는 것이 아닌가. 참 고객을 잘 대응하고 있었다. 이 점주는 미모도 미모이지만 활짝 웃는 얼굴이 그렇게 좋을 수가 없었다. 장사가 잘되다 보니 맛깔참죽 본사에서 제공한 우수점포 액자가 더 눈에 띄고 좋아보였다.

마지막으로 세 번째 점포에 들렀다. 들어선 순간 가게가 어둑어둑했다. 이 점주는 안타깝게도 오늘 근처에 경쟁사가 오픈한 날이라서 그런지 장사가 안되고 있다고 말했다.

장사 잘되는 점포와 안되는 점포의 차이는 무엇일까? 맛이나 시스템이나 같은 브랜드인데도 매출에 차이가 나는 이유는 무엇일까?

장사는 활기이다. 에너지이다. 앞서 장사 잘되는 점포 두 곳은 활기찼다. 웃음이 있었다. 나중의 점포는 그날만 그런 건지 모르겠지만 점포에서, 사장님 얼굴에서 활기가 느껴지지 않았다.

매출의 차이는 바로 점포와 사장님한테 느껴지는 활기와 에너지에서 온다. 혹은 장사가 잘되니까 활기가 있고 장사가 안되니까 웃음이 없다고 여길 수도 있지만, 저자가 보기에는 그 반대이다. 활기와 웃음이 있으니까 매출이 오르고 침울하니까 매출이 저조한 것이다.

웃으면 복이 온다. 좋은 일이 있어서 웃는 것이 아니라 웃으면 좋은 일이 생긴다는 얘기이다. 저자는 이 말이 저자가 창업시켜 주는 점포의 매출에 진리로 작용하는 경우를 많이 본다. 음식점 경영자 여러분! 웃자. 활기차게 움직이자. 긍정적으로 생각하자. 필요하다면 요즘 '웃음치료'라든지 억지로 웃게 만드는 교육기관도 많은데 이러한 교육을 통해서라도 웃자. 웃으면 좋은 일이 생긴다. 웃으면 매출이 오른다. 저자도 우리 맛깔참죽 점포 사장님들을 더 웃게 해줄 방법을 연구토록 하겠다.

 ## 주변 지인들에게 내 가게를 알리는 재미있는 방법

사장님은 주변 지인들에게 운영하고 있는 죽집을 알리고 있는가? 비용을 들이지 않고 여러 지인에게 우리 매장을 알릴 수 있는 즐거운 방법이 있어 소개한다.

바로 카카오 스토리와 같은 SNS를 이용하는 것이다. 카카오 스토리는 사진을 찍어서 바로 올리기가 가능하고 친구로 연결되어 있는 사람들에게 그 내용이 거의 실시간으로 전달된다.

한 죽집 점포는 카카오 스토리를 활용해서 주변 지인들에게 메뉴나 매장을 소개한다. 평소 요리 데코레이션을 좋아해서 직접 죽을 맛있게 데코한 후 올린다. 사진을 올리면 지인들은 댓글로 다양한 반응을 표현한다. 다양한 메뉴, 매장의 좋은 일, 새로운 메뉴 등도 알리면 좋을 듯하다.

또 밴드, 페이스북 등 다양한 SNS를 통해 주변에 알리는 방법도 있다. 돈 안 들이고 많이 홍보할 수 있다. 사장님들이 스마트폰이나 인터넷 사용이 서툴다면 자녀의 도움을 받아서 홍보하면 된다. 우리 점포가 주변에 맛있는 죽집으로 입소문이 나게 하는 방법, 조금만 신경 쓰면 된다.

 **블로그를 이용해 우리 매장을 더 많이 알려보자**

최근에는 홍보에 인터넷이나 스마트폰이 빠질 수 없다. 블로그를 활용하는 방법에 대해 소개한다.

우리 매장 블로그를 만들면 효과는?

- 고객들이 인터넷으로 검색했을 때 우리 매장이 노출될 확률이 높아진다.
- 자주 자료를 등록하지 않아도 기본 정보(오픈시간, 메뉴, 배달여부, 오시는 길 등)만 있으면 고객들이 편하게 이용할 수 있다.
- 개별 이벤트 진행 시 많은 사람에게 노출될 수 있다.

매장 블로그를 만들려면?

- 네이버의 블로그가 노출이 가장 많이 된다. 네이버 블로그를 만들 때에는 회원가입을 꼭 해야 한다.
- 이미지 자료 등을 구하기 어려운 경우에 본사에 요청하면 관련 자료들을 보내준다.
- 초기 세팅이 어려우면 본사로 연락해서 제작에 도움을 받는다.

실제 블로그를 운영하는 매장들은?

- 정릉점은 죽 메뉴 소개, 신 메뉴 홍보, 정보 제공 등을 통해 매장을 홍보하고 있다.

블로그를 운영할 때에는 꾸준히 지속적으로 하는 것이 좋다. 최근에는 스마트폰을 이용해서 보다 쉽게 자료 등록이 가능하다. 인터넷 속 우리 매장! 한번 도전해보자!

전단 뿌려서 신규고객이 늘었다? 그 이후가 더 중요하다!

매출과 관련해서 경기도의 한 매장 사장님과 전화 상담을 한 내용이다.

"이 매장은 얼마 전 대형병원이 오픈하고 막 활성화되고 있습니다. 병실마다 전단을 나눠주고 나서 매출이 눈에 띄게 올랐습니다. 전단지를 배포한 바로 그날이죠. 병원 오픈 효과와 전단지 배포 덕분인 것 같아 일시적인 현상인지 관찰해보기로 하였습니다."

이렇게 전단지를 뿌려서 신규고객이 늘어난 것은 다행스런 일이지만 더 중요한 것은 바로 그 이후의 고객관리이다. 한 번 온 고객을 또 우리 가게로 오게 하는 방법! 꼭 숙지해서 실천해보자.

1. 먼저 맛과 친절은 기본이다.

병원 앞에 위치한 또 다른 매장에서는 내시경 환자를 위한 맞춤 죽을 선보이고 있다. 고객을 위해 한 번 더 생각한 메뉴라고 할 수 있다. 기존 맛깔참죽죽에 내시경 환자도 더 부드럽고 맛있게 먹도록 하기 위해 새우를 갈아서 넣어

준다고 한다. 그럼 맛도 더 좋고 먹기도 편해서 다시 구매하러 온다고 한다. 여기에 친절까지 더하면 매장을 잊지 않을 것이다.

2. 재구매 유도를 위해 쿠폰을 활용한다.

앞서 소개한 쿠폰 활용법이 있다. 구매 즉시 사용할 수 있는 500원 쿠폰, 자주 오는 손님에게는 도장 쿠폰을 활용하면 고객을 더 많이 만날 수 있다.

3. 고객 데이터를 모았다면 SMS를 활용한다.

매장에 특별 이벤트가 있다면 문자를 보내는 방법도 있다. 특히 할인 메뉴가 있을 때 더 효과가 좋다고 한다.

한 번 온 고객을 평생고객으로 만드는 방법은 작은 것부터 실천하는 것이 시작이다.

매장 내 홍보물을 활용하면 시간 절약 & 매출 증대

효율적인 홍보에다 매장 운영이 뛰어난 명지퀸덤점을 소개한다. 매장이 아파트 단지 내에 있는 명지퀸덤점은 상가 안쪽에 위치하고 있어서 홍보에 조금 어려운 부분이 있었다고 한다. 하지만 한번 입소문이 나면 아파트 단지 내에 빨리 퍼지는 장점이 있다.

실제로 매장을 방문하여 식사를 했던 손님들이 맛깔참죽의 맛을 알고는 주위 지인들에게 입소문을 낸 것이 매장을 홍보하는 데 큰 힘이 되었다고 한다. 사장님은 매장에 홍보물과 배너를 설치하여 홍보하고 있었다. 예를 들어 쌀눈이 더 많은 쌀을 활용하면 왜 건강에 좋은지를 매장에서 바로 확인할 수 있도록 홍보물을 매장 내에 부착해놓았다.

 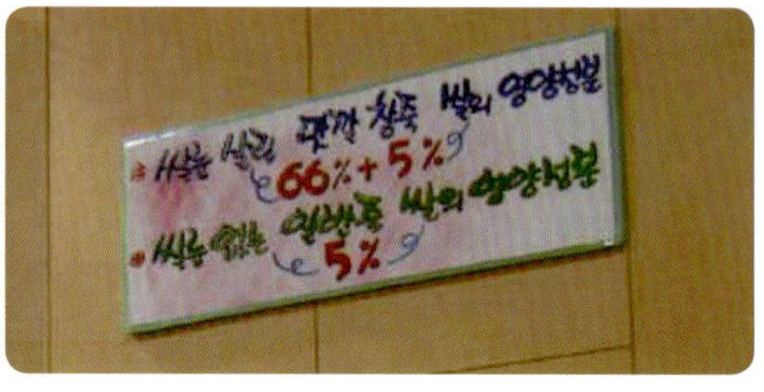

어린이 이유식도 전용 홍보물과 배너를 활용하고 부모를 따라온 어린이를 위한 전용의자도 준비해놓았다.

오픈 초기에 혼자서 매장을 운영하다 보니 아무래도 손이 모자란 점이 있

어서 매장에 죽 메뉴가 직관적으로 보이게 하고 손님들이 바로바로 주문을 쉽
게 할 수 있도록 하였다. 실제로 떡갈비 같은 경우는 죽과 함께 사진만 크게
붙여놓았는데도 매출이 늘었다고 한다.

매장 내 빈 공간과 벽면을 활용하는 방법은 손님의 메뉴 선택과 매장에서
판매되는 다른 제품의 홍보에 효과적이라고 생각된다.

정릉점의 고객 서비스, 할인 & 무료 증정

정릉점에서는 매월 고객을 위한 특별 서비스를 실시하고 있다.

정릉점은 매장 칠판에 이달의 행사 내용을 써서 홍보하거나 고객들에게 아래와 같은 내용의 행사 안내 문자를 보내고 있다.

- 특별 메뉴를 선정하여 할인 이벤트 실시
- 2그릇 이상 주문 시 떡갈비 무료 증정
- 행사기간은 10일 정도
- 배달과 테이크아웃도 행사를 동일하게 적용

정릉점은 이러한 고객 이벤트를 매월 빠짐없이 시행하고 있으며, 고객에 대한 서비스가 뛰어나다고 인정되어 성북구 모범음식점으로 선정되었다.

 우리 동네에 구석구석 맛깔참죽을 알리는 홍보 방법! 차량 홍보

우리 동네 구석구석에 매장을 효율적으로 알리는 홍보 방법을 하나 소개한다. 이 홍보는 많은 매장에서 시행 중이기도 하다.

청주 용암점과 거제도 장승포점은 차량을 이용한 홍보를 하고 있다.

매장이 배달을 많이 하거나 눈에 잘 띄지 않는 구석이나 외곽에 있을 때 매장 연락처와 맛깔참죽의 장점이 적힌 스티커를 자동차에 부착한다. 그러면 배달을 할 때나 운전 중이거나 주차 시에 홍보를 할 수 있다. 그야말로 동네 구석구석을 다니면서 홍보가 가능해서 효과 만점이라고 생각된다.

맛깔참죽은 거리 시식행사 중

더운 여름날 땀은 많이 나고 나른하고 잠까지 설쳐서 입맛은 떨어지고. 이때 죽 한 그릇은 어떨까? 소화도 잘되고 영양도 보충되고. 맛있고 영양가 높은 죽 한 그릇으로 이열치열을 해보면 어떨까?

맛깔참죽은 이유식죽이 나왔을 때에도 맨 처음 한 것은 광고가 아니라 이유식죽을 가지고 거리로 나가 소비자를 찾아가는 거리 시식회였다.

맛없는 죽은 아무리 광고를 하고 포장을 해도 결국 소비자들에게 선택받지 못할 것이다. 맛도 있고 건강에도 좋고, 그래서 친환경 죽만을 고집하면서 소비자들에게 직접 다가가는 맛깔참죽만의 독특한 문화가 거리 시식회이다.

거리에서 만난 소비자들에게 직접 그 자리에서 만든 죽을 맛보도록 한다. 맛에 대한 품평도 듣고 보완해야 할 점들을 귀담아 들어서 제품 개발에 참조한다. 거리 시식회는 일석이조로 얻는 것이 많은 홍보행사이다.

죽 전문점
창업 운영 스케치

죽집 현장에서 걷어올린
생생한 정보들

chapter 7

주요 상권에 창업하려고 해도 이미 포화 상태인 음식점! 이 비좁은 틈을 후발주자로 들어가서 과연 성공할 수 있을까? 창업에 도전하기도 전에 드는 고민거리일 것이다.

가까운 거리에 경쟁 업체가 두 곳이 있음에도 불구하고 부부 창업으로 10년 동안 죽집을 안정적으로 운영하고 있는 맛깔참죽 가락점 사장님의 장수 노하우를 소개한다.

Q 맛깔참죽 창업 전에는 무슨 일을 하셨나요?

A 저는(여사장님) 전업주부로 아이들 양육에 집중했고 남편은 유명 카메라 인화 매장을 10년 넘게 운영했습니다.

Q 그런데 왜 다른 업종으로 전환하신 건가요?

A 디지털 카메라 출시로 인화 매장은 사양산업이 되었습니다. 급격한 시장 변화 속에서 살아남기가 어려웠습니다.

Q 어떤 업종을 고민하셨나요?

A 특별한 손맛이 없었기에 음식점 프랜차이즈를 고민했습니다. 하지만 이에 대한 경험도 전무했기에 '내가 할 수 있을까?'란 의문이 들었고 그 의문에

답을 찾기 위해서 선 경험이 필요했습니다. 그래서 여러 프랜차이즈 매장에서 아르바이트를 시작했습니다.

Q 아르바이트를 한 후 죽 아이템을 선택한 이유는요?

A 소자본으로 시작해야 했기에 주로 평수가 작은 음식점에서 경험을 쌓았습니다. 그 중에 한참 인기가 높았던 도시락 전문점도 있었는데, 오래된 기름에 반찬을 튀겨내는 것을 보고 마음이 심란했습니다. '내가 먹었을 때 건강하고 기분 좋게 다시 찾을 수 있는 맛'이 제 신조였기 때문입니다. 그렇게 고민하던 중 우연히 지금 운영하고 있는 맛깔참죽에서 아르바이트를 하게 되었습니다.

Q 이 매장이라면, 인수를 하신 건가요?

A 네 맞아요. 맛깔참죽을 오픈한 사장님은 따로 계셨는데, 3개월 후 개인 사정으로 매장을 운영하실 수 없었습니다. 저는 오픈 때부터 3개월 동안 이 매장에서 아르바이트를 하고 있었고요. 그래서 바로 제가 인수했습니다.

Q 여러 음식점을 고민했었는데, 최종으로 맛깔참죽을 선택하신 이유는요?

A 경험으로 얻은 확신이었습니다. 그 당시 이미 150m 거리에 대표 브랜드인 '0죽'이 있었습니다. 그럼에도 불구하고 맛에 대한 손님들의 평가가 아주 좋았습니다. 또 주방에서 일해 보니 양심적으로 재료를 사용한다는 점에 가

장 믿음이 갔습니다. 권위적이지 않은 본사 방침과 교육도 재미있어서 좋았습니다.

Q 지금은 또 다른 경쟁 업체도 들어왔다고 들었습니다. 어떤가요?

A 현재 150m 거리에 '0죽'이 있고 3개월 전에 같은 건물에 또 다른 죽집이 들어왔습니다. 먼저 결론을 말하자면 저희 매장이 1년 만에 '0죽' 매출을 뛰어 넘었고 현재 경쟁 죽집은 전혀 걱정 안 하고 있습니다.

Q 같은 건물에 죽 전문점이 두 개요?

A 처음에는 물론 긴장을 많이 했지요. 브랜드 인지도가 맛깔참죽보다 높아서 매출이 떨어지면 어떡하나 걱정했는데, 이미 저희 손님들이 맛을 평가했더라고요. 호기심에 한 번 다녀온 손님들이 오히려 저희 매장에 와서 맛에 대해 얘기해주십니다. 그래서 이제는 걱정을 안 하고 있습니다.

Q 10년을 장수하는 비결은요?

A **첫째, 건강을 위해 품질을 유지합니다.**

기교 없이 레시피에 충실하고 재료를 아끼지 않습니다. 보통은 매장에서 원재료가 비싸지면 재료를 줄이거나 값싼 재료를 사용하는데, 저는 가격을 올리는 한이 있더라도 퀄리티를 제일 중요하게 생각합니다. 그렇기에 할인을 할 수 없습니다. 또 MSG가 안 들어간 육수와 영양가가 높은 쌀눈 쌀을 사용한다는 사실을 고객이 알고 건강을 위해 먹습니다.

꼼꼼히 판단하는 젊은 고객이 많은 이유도 이것입니다. 죽 제공을 받았을 때 기분이 좋을 수 있게 반찬 하나하나 비주얼까지 신경 씁니다. 맛깔참죽에만 있는 죽메이드가 일정한 맛을 유지해주기에 바쁜 시간대에도 맛에 변함이 없습니다.

둘째, 깨끗한 음식이라는 고객의 신뢰입니다.

오픈형 주방이라도 지저분해보이는 곳이 많습니다. 저희도 오픈형 주방인데, 손님들이 기다리면서 주방을 자주 봅니다. 직원이 그만둔다고 해도 문제 될 게 없을 정도로 주방을 청결하게 유지합니다. 제가 서비스 받고 싶은 음식을 그대로 만들어서 제공하고 싶기 때문입니다.

셋째, 즐겁게 일한다는 것입니다.

제가 만족스럽고 떳떳하기에 즐겁고 기분 좋게 만드니 음식도 맛있게 나오고 그럼 손님도 맛있게 드시며, 가실 때 잘 먹었다는 말 한마디에 자긍심과 보람이 생기니 또 다시 즐거워집니다.

Q 매출 공개 부탁합니다.

A 배달 포함해서 여름에는 하루 평균 80그릇, 겨울에는 160그릇까지 판매합니다. 평수는 10.8평으로 6개 테이블이 있고 직원은 여름에 1.5명, 겨울에는 풀타임(12시간) 2명입니다. 겨울에는 점심만 80그릇을 판매하기에 손님들이 기다리다가 테이크아웃을 해가기도 합니다. 전복죽, 삼복죽, 게살누룽지죽 등 단가가 높은 죽이 인기가 많습니다.

Q 10년 동안 운영해본 결과 장단점은요?

A 장점은 안정적인 고정 매출입니다.

처음 이 장사를 시작했을 때 저희는 제로 베이스였고 아이들도 어렸습니다. 현재는 두 아이가 대학교에 다니고 있으며 등록금 전액을 부담하고 있습니다. 앞으로 많은 경험을 하라고 해외연수도 보낼 계획입니다. 우리 아이들이 맘껏 공부할 수 있도록 안정적인 매출을 보장해줬다는 점입니다. 또 깔끔한 인테리어에 건강식이라는 인식 때문에 아이들에게 떳떳할 수 있고 맛있는 음식을 제공한다는 점에서 보람됩니다.

재고가 없다는 것 또한 큰 장점입니다. 다른 음식점은 만들어놓고 팔아야 하는 아이템인데, 못 팔고 버리는 경우가 다반사입니다. 음식물 쓰레기가 없기에 냄새도 없고 처리 비용이 들지 않아 경제적입니다.

단점은 즉석에서 조리해야 하니까 한꺼번에 손님이 몰릴 때에는 벅찹니다. 그나마 죽메이드가 있어서 노동력이 절감되지만 주문 들어올 때마다 하나하나 끓여야 하기 때문에 시간이 소요됩니다. 그러나 손님들은 즉석에서 조리한 따뜻한 죽을 드실 수 있다는 장점이 있습니다.

Q 향후 목표는요?

A 행복한 비명일 수도 있지만 오래 하다 보니 몸이 조금 고되긴 합니다. 당장은 쉬고 싶다는 생각도 들고 더 나은 수입을 위해 다시 아이템을 찾아야 하는 게 아닌지 생각해보지만, 다른 아이템으로 다시 자리를 잡는다는 것은 리스크가 매우 크기 때문에 이제는 건강을 챙겨가며 노후 대비를 위해서 계속 운영할 생각입니다.

Q 죽 전문점 창업을 고민하고 있는 예비 창업주에게 하고 싶은 말은요?

A 손님들은 정직한 맛을 아는 것 같습니다. 한 번 온 사람이 두 번, 세 번 올 수 있는 맛이 중요합니다. 맛깔참죽 맛에 대한 신뢰는 처음부터 지금까지 변함이 없습니다. 본사에서 이것저것 강요했으면 힘들었을 텐데, 지금도 매우 협조적이어서 다행입니다.

한 상권에서 브랜드 명만 다를 뿐이지 같은 아이템이 치열하게 경쟁합니다. 여기도 커피 전문점이 5개 이상 있습니다. 죽이란 아이템은 유니크 하기에 요즘은 젊은 세대까지 선호하는 추세입니다. 유행을 타지 않고 꾸준하기에 앞으로 더 성장 가능성이 있다고 생각합니다.

기본적으로 맛이 있기에 노력하는 만큼 매출을 가져갈 수 있는 브랜드입니다. 죽은 마진도 좋습니다. 하지만 본인의 성격에도 맞아야 합니다. 저는 술집이 싫었고 튀김의 기름 냄새도 싫었습니다. 주방에서 깔끔하게 요리를 할 수 있다는 점이 제 성격과 맞았던 것입니다. '맛깔참죽의 가치는 방문한 손님들의 높은 평가'라는 점을 기억하였으면 좋겠습니다.

죽집 창업 10년 장수 비결

'과연 내가 오랫동안 잘 운영할 수 있을까?' '안정적인 고정 매출이 나올까?' 등등 창업하기 전 여러 두려움이 엄습해 온다.

특별한 손맛 없이 음식점 중 죽집 창업에 도전해서 10년 동안 안정적으로 운영한다는 것! 정말 누구든 쉽지 않은 특별한 사례인 것 같다. 이에 그 주인공인 맛깔참죽 분당 야탑점 사장님을 찾아 창업 스토리와 장수비결에 대한 인터뷰를 진행했다. 여러 고민을 하고 있는 예비 창업주들에게 도움이 되길 희망한다.

Q 맛깔참죽 창업 전에는 무슨 일을 하셨나요?

A 부동산 중개업을 했습니다. 지금 맛깔참죽을 하고 있는 바로 이 자리에서요. 한 번 거래로 3,000만원을 벌기도 했고 저도 재미있게 일했기 때문에 주변 사람들은 제게 천직이라고 말하곤 했습니다.

Q 그런데 왜 다른 업종으로 전환하신 건가요?

A 10년 전 부동산 경기가 악화되었습니다. 큰 거래로 높은 수수료를 챙길 수 있어 일명 한방도 있었지만, 잦은 정책 변동에 따른 미래 불안감은 항상 떨칠 수 없었습니다. 경기 악화에도 일정 수준의 고정 매출이 보장되는 업종이 필요했습니다. 한방보다는 안정적인 수입 말이죠.

Q 어떤 업종을 고민하셨나요?

A 친척분이 화장품 대리점을 30년간 운영했기에 천연 화장품 대리점도 고민해봤지만, 매장 실 평수가 10평이기에 배달이 가능한 음식점으로 선택의 폭을 좁혀나갔습니다.

Q 수많은 음식점 프랜차이즈 중 왜 죽집을 선택하셨나요?

A 그때도 잘나가던 치킨, 족발 등 여러 배달 음식점을 생각 안 해본 건 아닙니다. 그러나 강도 높은 노동력에 마진율까지 낮으니 지속 여부에 의문이 들었습니다. 배달이 있어도 깔끔한 인테리어가 돋보이는 장사를 원했습니다. 그러던 중 아는 분이 '죽 전문점'을 추천해주서서 시장조사를 하게 되었습니다.

Q 10년 전이면 맛깔참죽도 신생 브랜드였는데요?

A 그 당시 여러 죽 브랜드 매장을 방문했습니다. 다른 죽 브랜드는 인테리어가 마음에 안 들거나 제 입에는 맛이 별로였습니다. 그런데 맛깔참죽은 그 당시엔 죽메이드도 없던 시절이었지만 죽이 맛있었습니다. 화학조미료가 첨가되지 않아서 그런지 깔끔하면서도 담백한 맛이 인상 깊었습니다. 전국 매장이 10개도 안되던 브랜드였지만 맛을 믿고 맛깔참죽으로

결정했습니다.

 그렇다면 맛에 대한 고객들의 반응은요?

 현재 200m 거리에 '0죽'이 있습니다. 한 단골고객은 '0죽'만 가셨던 죽 마니아인데, 우연히 여기서 맛을 본 후로는 1주일에 4~5번 저희 매장에 오십니다. 야채도 더 많이 들어가고 하루 지나서 먹어도 부드럽고 느끼하지 않다는 이유였습니다. 실제로 맛깔참죽은 된밥을 사용하지 않기에 밥과 육수가 잘 어우러져서 하루 이틀이 지나도 부드러운 것 같습니다. 맛이 없으면 한 동네에서 10년 이상 죽집을 유지할 수 없겠죠?

 맛깔참죽의 또 다른 장점이 있다면요?

 단연코 죽메이드, 레시피, 육수입니다. 죽메이드는 인건비 절약, 효율적인 노동, 일정한 맛을 가능하게 하는 아주 효자상품입니다. 하루에 100그릇 죽을 쑤는데 주방 인력 2명이 50그릇씩 직접 저어야 한다면 어떻겠습니까? 팔 빠지는 것 같고 몸살이 날 정도겠죠. 점심 때 아무리 주문이 많아도 맛이 변하지 않습니다. 또 죽메이드와 레시피가 있으니까 주방 인력이 바뀌어도 걱정 없습니다. 육수도 직접 끓이려면 3시간이 넘게 걸리고 여름에는 관리도 힘든데, 공급받아서 끓이기만 하니까 관리도 편하고 시간도 절약되니 일석이조입니다. 부부가 운영한다면 바쁜 시간대에만 파트타임 직원을 고용하면 비용절감이 더 될 겁니다.

Q 많은 분이 궁금해 하는 핵심 포인트인 매출은요?

A 하루 평균 매출이 70만원입니다. 매장 실 평수 10평에 주방은 3평이고 테이블은 6개입니다. 보통 죽은 여름이 비수기 아니냐고 하는데, 여름에도 일 매출은 거의 변함이 없습니다. 겨울에는 주문이 너무 많아서 매출이 더 높고 평균 매출이 안정적이어서 매우 흡족합니다.

Q 오픈 때부터 매출이 좋진 않았을 텐데요?

A 오픈 시 근처에 죽집이 세 군데나 있어서 당연히 처음 3개월은 힘들었습니다. 본사와 협업해서 도우미 행사, 거리 시식행사 등을 했는데, 그때 맛을 본 뒤로 고객들이 계속 찾아주셔서 매출이 오르기 시작했습니다. 또 근처 회사에서 식권 제휴 문의가 들어와 일부 상품만 이용 가능하도록 했더니 직원들이 돈을 더 지불하고 다양한 메뉴를 드십니다. 요즘은 근처 치과와 할인 제휴도 진행 중입니다.

Q 홍보 노하우가 있다면요?

A 안심 이유식죽이 나왔을 때 아파트 놀이터나 현관에 가서 직접 홍보했습니다. 아기들이 다른 죽집의 이유식은 잘 안 먹는데 맛깔참죽 이유식은 잘 먹는다면서 너무 좋아하십니다. 지금은 엄마들 사이에 입소문이 나서 많은 분이 찾으십니다. 한우로 만든 소고기 이유식죽이 인기가 좋습니다.

Q 10년 장수 비결을 요약하자면요?

A 당연히 맛, 고정 고객 확보와 노동력 절감입니다. 브랜드 파워가 상대적으로 낮아도 맛이 있으면 다시 고객이 찾아옵니다. 붐비는 시간에도 고객에게 맛을 일관되게 제공하면 그분들은 고정 고객이 됩니다. 그 맛을 유지시키는 효자상품이 맛깔참죽에만 있는 '죽메이드'이며, 몸이 덜 고되고 직원과 제 노동력이 절감되어 지금까지 지속 가능했던 겁니다. 음식점이 맛을 잃어가고 내 몸이 지쳐 가면 고객은 이탈하게 되어 있습니다. 점점 매출이 하락하면서 사업 존망의 위기까지 가게 되는 거지요. 전 음식점이 처음이었지만 제 능력 범위(노동 한계치)를 정확히 판단했고 그에 맞는 죽을 선택했기에 장수할 수 있었습니다. 현재 토요일은 휴업일임에도 매출에는 변함이 없습니다.

Q 마지막으로 본사에 바라는 점은요?

A 아이들이 아직 어려서 적어도 앞으로 15년은 더 운영해야 합니다. 현재의 매출을 유지하는 것에 만족하니 본사가 망하지만 말아주세요. 프랜차이즈는 본사가 망하면 모든 가맹점이 순식간에 망합니다. 맛깔 대표님이 착한 경영을 하시는 만큼 지금처럼 계속 성장하길 희망합니다.

"본사가 망하지만 말아주세요!" 이 말에 사장님과 저는 한참 동안 크게 웃었다. 그리고 반짝 뜨다 사라진 프랜차이즈에 손해 보신 분들이 많아서 매우 안타까웠다. 맛깔참죽은 상권이 아님에도 불구하고 무조건 가맹 계약을 체결하지 않는다. 가맹점 사장님들의 장수 운영을 위해서라면 다소 걸음이 느려진다고 해도 괜찮다. 10여년의 노하우로 더 단단한 길을 다지고 있기 때문이다. 인터뷰 내내 야탑점 사장님의 표정에서 여유로움을 볼 수 있었다. 장사가 안정되면 월급쟁이보다 낫다는 말이 생각났다. 오랜 시간 인터뷰에 응해주신 사장님께 깊이 감사드린다.

미국 댈러스의 맛깔참죽 창업 스케치

　미국 댈러스 점주님은 일식업인 스시바를 운영했다. 새로운 창업을 모색하던 중 전복죽이 먹고 싶다는 아이들의 얘기에 왜 댈러스에는 죽집이 없을까 라고 생각하면서 사업을 구상할 때 신기하게도 맛깔참죽 대표님의『음식점 경영 전략 노트』를 접하게 됐다. 맛깔참죽에 대한 신뢰가 깊어져가면서 댈러스에 매장을 오픈하게 됐다.

　그러나 해외 매장이라 오픈 과정에 어려움이 많았다. 그릇, 집기나 인테리어 제품은 배송 받을 수 있었지만 인테리어 공사와 같은 것은 직접 손을 봐야 했다. 그러다 보니 오픈을 준비하는 기간이 예상보다 길어졌다.

　이와 같은 어려움에도 불구하고 직원이 4명 이상 될 정도로 성공적인 창업이 되었다. 죽뿐만 아니라 밥 메뉴도 매출의 40% 이상을 차지하게 됐다.

  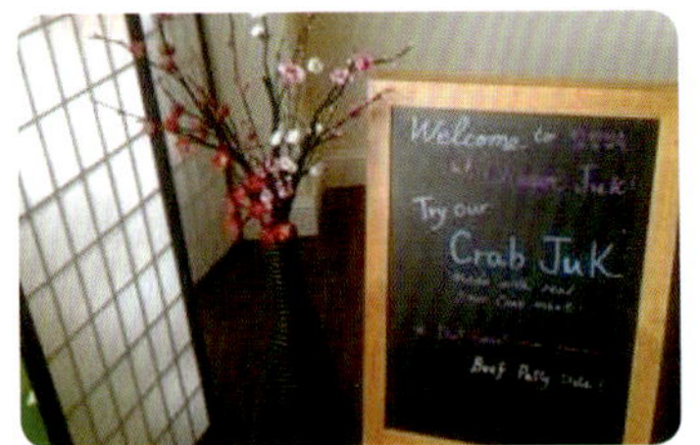

전단지 제작, 한인 신문에 소개 글 올리기 등 여러 가지 광고로 맛깔참죽은 한인들 사이에서뿐만 아니라 댈러스 주민들에게도 웰빙푸드로 인기를 끌었다.

해외 창업 때 알아둘 Tip

- 해외에서는 오픈 기간이 길어질 수 있기 때문에 충분한 시간을 가지고 준비한다.
- 죽의 주요 재료인 육수는 본사에서 분말 형태로 보내주니 맛은 걱정하지 않아도 된다.
- 죽 자동 조리기 죽메이드도 현지 전력에 맞게 제작해서 보내준다.
- 해외에서는 교민들의 한국 음식 수요가 높아 죽 전문점은 경쟁력이 있다.
- 본사에서는 충분한 사전 교육과 철저한 창업 관리를 하고 있다.

 **부부 창업♡맛깔참죽 창업 – 둘이 함께라서 든든, 효율도 업!**

창업을 준비 중이라면 가족이나 배우자와 함께 하는 경우가 많을 것이라고 생각된다. 가족 또는 부부가 함께 창업하면 많은 외부 인력 필요 없이 서로 업무를 분담해서 효율적으로 매장을 운영할 수 있다는 것이 가장 큰 장점이다. 맛깔참죽에도 부부 창업으로 매장을 운영하는 경우가 많다.

1. 가락점

"남편과 둘이 시작했지만 죽메이드가 있으니까 둘이서도 수월하게 할 수 있는 것 같아요. 매장이 바쁠수록 죽메이드는 꼭 필요해요. 음식을 만들다 보면 손이 많이 가기 마련인데, 죽메이드가 있어서 음식도 빨리 나가고 저어주는 힘이 있어 맛도 좋아져요. 평일에는 주방에 2명 정도 일하는데, 일요일 같은 때에는 죽메이드가 있어서 남편과 둘이서도 할 수 있어요."

2. 전주 송천점

"부부 창업으로 시작, 주문받고 조리하고 포장하고 배달하고 착착 맞아요. 부부 창업하면 새는 돈 없이 직원 인건비를 줄일 수 있어서 좋아요. 하지만 서비스업이기 때문에 서로 잘 맞아야 합니다. 손님의 얼굴을 마주보면서 접객을 하기 때문에 서로 사이가 좋아야 좋은 표정, 좋은 기분으로 손님을 맞이할 수 있어요."

3. 성남 수진점

사장님의 멋진 기타 교본도 볼 수 있는 성남 수진점은 사모님이 활기차고 활발한 성품으로 많은 분에게 사랑받고 있다. 사모님은 조리를, 사장님은 배달을 하면서 즐겁게 운영한다.

"손님들과 대화도 많이 하려고 합니다. 배달해드린다고 설명하고 동네 주민이신지, 아프서서 드시는지 등등 틈나는 대로 물어봅니다. 오픈 때에는 심리적으로 위축되는 부분도 있었지만 손님들을 만나고 대화하면서 많이 풀어지는 것 같아요. 매장도 열심히 꾸미고…항상 밝고 긍정적으로 재미있게 하는 것이 중요해요. 맛과 친절은 물론이고 손님과 의사소통하는 것, 주변 상가에도 잘하려고 하는 것 등등의 노력을 해요. 실제로 주변에서 깔끔하고 예쁜 죽집이 생겼다고 알아봐주시고 동네가 환해졌다고 해주세요. 가게 앞도 깨끗이, 매장도 깔끔히 단장합니다. 앞으로도 나태해지지 말고 열심히 할 생각입니다!"

 하루하루 정신없이 바빠요! – 탄방 우리병원점

　대전 탄방역 근처 탄방 우리병원점을 방문했다. 오픈하자마자 하루하루 바쁘게 지내는 점주님을 만났다.

　대전 탄방역에 도착했다. 탄방 우리병원점으로 가는 길의 주변에는 대형병원들이 정말 많았다.

　여성 창업 아이템으로 죽 전문점을 선택한 점주님에게 여러 가지 질문을 해보았다.

　Q 죽 전문점을 시작하다! 어떻게 시작하게 되었나요?

　A 원래는 다른 업종을 하고 있었는데, 근처에 병원이 많아 죽 전문점을 생각하게 됐어요. 한방병원도 있고 어르신들이 많을 거라고 생각했죠. 죽집을 해보니 어르신들은 물론 엄마와 아이들, 40, 50대 남성 직장인들, 원룸에서 혼자 사는 젊은 분들도 생각보다 많이 오셔요. 실제로 보니 손님 층이 다양하더

라고요.

Q 맛깔참죽을 창업하게 된 이유는요?

A 화학조미료(MSG)를 쓰지 않는다는 점이 가장 마음에 들었어요. 그밖에도 국내산 전복을 쓰는 등 다양한 경쟁력도 좋았어요.

Q 진짜 바쁘다고 들었는데, 손님들 반응은 어떤가요?

A 오픈하기 얼마 되지 않았을 때에도 꾸준히 오시는 손님들이 있었어요. 병원에 왔다가 녹두죽 한 번 사가셨는데, 맛있다고 일주일 정도 계속 같은 메뉴만 주문하시는 손님도 있구요. 테이크아웃도 많지만 홀이 넓어서인지 점심때는 컵이 떨어질 정도로 손님이 많아요. 자주 찾아주시는 손님들에게 감사해요.

Q 맛있는 메뉴 추천해주세요!

A 나이대별로 추천을 많이 해드려요. 수술 후 아프고 소화가 잘 안되는 분에게는 부드러운 잣죽이나 표고현미죽, 어린 아이들과 같이 오는 분에게는 고소한 게살브로콜리치즈죽 등을 추천해드립니다. 앞으로는 이유식을 주력으로 판매할 예정이에요. 이유식 역시 화학조미료가 들어가지 않고 다른 죽집에 비해 3가지 맛을 고를 수 있으니까 엄마들이 좋아해요. 그리고 이유식에 좋은 재료가 많이 들어가니까 나라도 직접 조리해 먹이는 것보다 이렇게 사서 먹일 것 같아요.

잘 판매되는 베스트 메뉴로는 야채죽 종류와 전복죽, 게살 등이 있습니다. 전복죽은 단가가 비싼 메뉴이긴 하지만, 우리는 인증 받은 국내산 전복을 쓰고 전복 내장까지 들어간다고 직접 설명해드려요. 그리고 의외로 어린 아이들도 전복죽을 잘 먹더라고요. 아이들 건강식으로도 추천해볼 생각이에요. ^^

Q 음식점 창업은 처음인 것 같은데, 운영하시기 힘들지 않으세요?

A 처음이라서 체력적으로 힘든 부분도 있지만 점점 음식점 장사에 재미가 붙고 있어요. 생각보다 일도 재미있어 여성들이 하기에 괜찮은 것 같아요. 레시피대로 하면 되니까 편해요. 점심시간 때 정말 정신없이 바쁜데, 죽메이드로 죽 조리하면 설거지 같은 다른 일도 같이 할 수 있으니까 정말 편해요. 동시에 일할 수 있어요.

Q 마지막으로 앞으로의 계획 한번 말해주세요!

A 처음 오픈했을 때 근처에 주택가도 없고 약간 외진 곳이라 평균 30~40 그릇 정도부터 시작하자고 본사에서 이야기했어요. 그런데 오픈하자마자 70 그릇 이상씩 꾸준히 매출을 올리고 있어요. 아직 홍보도 되지 않은 상황인데 놀랍기도 해요. 앞으로 전단지나 병원 홍보 등 열심히 해서 100그릇 이상 판매로 끌어올려야죠!

얼마 전 가락점을 방문했다. 점주님과 이런저런 장사 이야기도 나누고 매장 사진도 찍어서 여기서 소개한다.

가락점은 가락시장역 근처에 위치해 있다. 벌써 죽집을 창업한 지 6년이 됐다. 6년 동안 사업이 번창할 수 있었던 이유는 바로 좋은 재료이다. 가락점 사장님은 고객이 돈을 낸 만큼 그만큼의 가치를 주는 것이 가장 큰 서비스라고 말한다. 매장에 그날 들어온 신선한 표고버섯을 직접 보여주었다.

그리고 쌀눈 쌀도 고객들이 직접 확인할 수 있도록 매장에 디스플레이 해놓았다. 일반미와 7분도 쌀, 현미 쌀, 죽 메뉴에 화학조미료(MSG)가 첨가되지 않는다는 점, 쌀눈이 살아 있는 쌀을 사용해 건강한 죽을 만든다는 점을 중점 홍보 사항으로 꼽았다.

손님에게 보이지 않는 부분까지 항상 노력한다는 가락점은 까다로운 재료

관리와 자신 있는 맛으로 멋지게 운영하고 있다. 사장님은 죽이라는 음식이
웰빙식과 건강식으로 인정받았을 뿐만 아니라 유행을 타는 다른 음식과 달리
꾸준함도 있기 때문에 앞으로의 전망도 좋게 평가했다.

스포츠조선에도 소개되었어요.

'작은 가게 큰 햇살, 2013년 소상공인 희망프로젝트'
전업주부에서 월 매출 3,000만원을 올리는 죽집 사장님으로 성공한 비결은? 스포츠조선에 실린
기사 내용을 통해 알아보자.

가락점 사장님은 "창업 초기에는 죽은 회복식이라는 인식이 강했지만 3∼4년 전부터는 일반 손님
이 훨씬 많아졌어요. 경찰병원 환자들보다는 의사나 병원 직원 분들이 훨씬 많죠"라고 말한다. 건강식
에 대한 관심이 높아진 요즘 트렌드를 꿰뚫어본 결과다. 주위에서는 알짜 수익을 내는 가게를 넘어 대
박 집으로 인식하는 눈치다.

"식사시간에는 붐비지만 평소에는 손님이 넘쳐나는 정도는 아니지요. 하지만 배달 손님들이 꽤 많
기 때문에 보이는 것보다는 매출이 쏠쏠합니다."

필리핀의 소문난 죽집이 되기 위해 정말 하루하루 열심히 교육을 받았던 맛깔참죽 엥겔레스 점주님의 교육 현장을 소개한다. 점주님이 한국에 머무는 기간이 정해져 있어서 교육이 1분 1초도 아끼면서 진행됐다. 주로 조리 교육과 서비스 교육을 진행했다.

1 먼저 레시피를 꼼꼼히 챙긴다. 해외에서 창업하기 때문에 맛을 유지하는 것이 중요한데, 여기에 필수가 바로 레시피를 잘 숙지하는 것이다. 다양한 메뉴 하나하나의 레시피를 체크하고 아직 익숙하지 않은 부분은 냉장고에 붙여 놓고 반복 학습했다. 2 그런 다음 야채를 준비한다. 3 호박죽에 들어갈 단호박도 미리 준비한다.

4 건강에 좋은 버섯도 착착 썰어서 준비한다. 5 죽 메뉴에 빼놓을 수 없는 반찬, 바로 장조림! 어떻게 하면 맛있는 장조림을 만들 수 있는지, 고기는 어떤 것을 쓰는지 자세하게 교육을 실시했다.

6 죽의 황제! 전복도 준비한다. 생전복 손질은 은근히 까다롭다. 전복의 껍질도 분리해야 하고. 안에 초록빛 내장도 따로 분리해서 죽에 넣을 수 있도록 준비해야 하고. 전복의 이빨도 제거해야 한다. 조심조심 전복을 손질하고 있다. 7 그리고 전복을 먹기 좋게 자른다.

8 본격적으로 죽을 만드는 모습이다. 미리미리 냄비에 죽 재료를 넣어준다.

9 한꺼번에 여러 메뉴를 올려놓은 채 만들고 있다. 이때 좋은 것이 바로 죽 메이드! 해외 창업에서도 빠지지 않는 것이 죽메이드인데, 손으로 힘들게 저어 주지 않아도 자동으로 저어주니까 한결 편리하다. 필리핀 엥겔레스점에서뿐 만 아니라 미국의 댈러스점에서도 죽메이드는 일손을 덜어주는 효자 역할을 하고 있다.

10년 장수 운영 – 울산 언양점

맛깔참죽 창업으로 성공창업.

울산 언양점 민영기 사장님은 죽 전문점은 불경기에 영향을 받지 않는 아이템이라며 예비 창업자들에게 추천한다. 또 맛깔참죽을 창업하게 된 이유는 맛과 죽메이드 때문이라고 한다. 많은 창업자가 맛깔참죽을 창업을 하게 된 이유로 단연 이 두 가지를 꼽을 만큼 이미 맛깔참죽의 맛과 죽메이드는 인정을 받았다. 맛깔참죽 창업을 원하는 예비 창업자들은 맛깔참죽의 성공창업 노하우 강의에 와서 강의도 듣고 죽맛도 보길 바란다.

Q 맛깔참죽을 창업하게 된 계기는 무엇인가요?

A 하고 있던 점포를 정리하고 타 업종을 물색하던 중 경기에 크게 영향을 받지 않는 죽 전문점 창업을 결정했습니다. 그 후 인터넷을 검색해서 상담을 하고 본사 직원이 여러 가지 조언과 죽 전문점 창업에 필요한 설명을 만족하게 하여 맛깔참죽을 창업하게 되었습니다.

Q 맛깔참죽을 타인에게 소개한다면 어떻게 표현하고 싶은가요?

A 우선 맛이 다른 죽과 차이가 나고 조리하는 과정이 (죽메이드를 사용해) 수월합니다.

Q 맛깔참죽을 운영하면서 느꼈던 보람이 있다면 무엇인가요?

A 전반적인 경기 침체기에 장사가 잘되지 않아 거의 모든 자영업자가 어려움에 처해 있는 데 비해 그 여파가 크지 않습니다.

Q 맛깔참죽 본사에 바라는 것은 무엇인가요?

A 물류에 보다 더 세밀하게 관심을 가지고 시행해주길 바랍니다.

Q 앞으로 사장님의 포부는 무엇인가요?

A 여건이 된다면 유동인구가 많은 장소에 2호점을 오픈하는 게 목표입니다.

지역사회와 함께 해요 – 장승포점

지역사회와 함께 하면서 발전하는 맛깔참죽 장승포점을 소개한다. 장승포점은 지역사회를 위해서 다양한 활동을 펼치고 있다.

지역사회 봉사활동 & 지역 중심 나눔활동

점포와 지역사회 봉사기관의 협력으로 다음과 같은 활동이 펼쳐지고 있다.

- '복지 119' 1호점: 어려운 이웃에게 죽을 후원하는 아름다운 가게를 운영한다.
- 희망나눔 맛집: 대한적십자사 후원 맛집이다.
- 자원봉사자 할인 가맹점: 경남 거제시 자원봉사자에 한해 죽 할인 등으로 지역사회 봉사활동을 후원해 점포 차별화를 시도하고 있다. 인지도도 높이고 지역 주민의 호감도도 높이는 일거양득의 효과가 있다.

맘카페 활동

지역 맘카페에도 적극적으로 홍보하고 있다. 보다 많은 엄마가 맛깔참죽의 우수한 이유식을 이용하도록 홍보하고 카페 제휴로 할인 혜택도 준다. 동네 다른 매장과의 차별점을 적극 알릴 수 있는 좋은 기회이다.

맛깔참죽, 사랑의 죽 배달

맛깔참죽이 마포푸드뱅크에 사랑의 죽 100그릇을 전달했다.

얼마 전 맛깔참죽 본사에서는 본사 조리실에서 직접 조리한 죽 100그릇을 마포푸드뱅크에 기증했다. 본사에서 전달한 죽은 미혼모들에게 제공된다고 한다.

본사 조리실에서 열심히 죽을 조리하고 있는 모습이다. 맛깔참죽에서 특허 낸 죽메이드로 만들 수도 있었지만 준비할 양이 많은지라 직접 손으로 저어 죽을 조리했다. 다양한 야채와 해산물을 몽땅 넣어서 죽을 만들었다.

죽을 다 조리한 후 용기에 담고 따뜻하게 유지하기 위해 박스에 담아두었다. 열심히 조리하니 어느새 죽 100그릇이 완성됐다.

박스에는 맛깔참죽 인증 스티커도 붙였다. 약속 시간이 되니 마포푸드뱅크 관계자가 맛깔참죽 본사를 방문했다.

맛깔참죽 본사 조리실장이 미혼모들에게 제공될 사랑의 죽 100그릇을 전달했다.

2015년부터는 해피월드복지재단에도 매월 50~70그릇의 죽을 고정적으로 제공하고 있다.

 **맛깔참죽 가경 홈플러스점 – 멋진 두 남자의 선택 이유는?**

맛깔참죽을 알기까지

솔직히 아직 맛깔참죽은 잘 알려져 있지 않아서 다른 죽집을 창업하려고 했습니다. 정보를 찾고 접촉하다 보니 맛깔참죽이 진짜 경쟁력 있는 브랜드임을 깨닫게 되어 창업을 결심하게 되었습니다. 막연히 그냥 알려진 브랜드만 보고 선택한 게 아니라 꼼꼼하게 검토했습니다. 키즈카페를 운영해보았고 체인점 형태로 접해봐서 체인점의 성격을 잘 압니다. 그래서 저는 어느 정도 경험 있는 사람으로서 객관적인 비교를 통해 선택한 것입니다.

맛깔참죽을 결정할 때

맛깔참죽을 결정하기 위해 주변 사람들에게 이 죽 전문점에 대해 물어봤더니, 잘 몰랐지만 의외로 많은 사람이 "맛깔참죽은 느끼하지 않고 맛있다"라고 좋은 평가를 해주더군요.

다른 매장도 방문

청주에 있는 5곳 이상의 맛깔참죽 점주들을 만나 물어봤습니다. 그런데 모두 다 창업해보라고 권유하고 본사에 대해 긍정적인 평가를 해주더군요. 체인점을 운영해봐서 알지만 그렇게 추천해주기가 쉽지 않은데 모든 점주가 추천해주는 것을 보고 확신했습니다.

자동화 시스템으로 쉽게!

"죽을 쑬 때 힘들다면서요?" 처음엔 몰랐는데 창업 탐색을 하다 보니 알았습니다. 그런데 맛깔참죽에는 죽메이드가 있어서 진짜 좋았습니다. 조리 편리성, 인건비 절감 등 진짜로 좋은 시스템이어서 선택했습니다.

이유식죽에 대한 확신

그리고 맛깔참죽의 이유식죽에 대한 확신이 들었습니다. 키즈카페 운영 중 이유식죽을 많이 찾는다는 것을 알게 되었습니다. 키즈 이유식죽을 활성화시키겠습니다.

꾸준한 매출! 궁금하시죠? – 단골이 많은 아산 배방점

　　오랜 시간 꾸준한 매출을 유지하면서 단골고객들의 발길이 끊이지 않는 아산 배방점! 이렇게 꾸준히 매출이 유지되는 비결은 무엇일까?

　　Q 죽 전문점을 생각하게 된 이유는 무엇인가요?

　　A 형제 중에 죽 전문점을 하는 사람이 있어서 자연스레 관심이 생기게 되었으며, 창업까지 하게 된 것 같아요.

　　Q 맛깔참죽을 선택하게 된 계기는 무엇인가요?

　　A 'ㅇ죽'이나 '△죽' 같이 유명한 프랜차이즈 죽집도 있었으나, 맛깔참죽이 가장 맛있어서 선택하게 되었습니다. 맛이 정말 월등하게 차이가 나더라고요.

Q 창업한 후 좋았던 점과 실제 창업 느낌은 어떤가요?

A 아무래도 여러 가지 재료를 준비해놓아야 하는 죽집 특성상 손님이 없어도 준비해야 할 것들이 좀 많습니다. 하지만 죽집을 선택한 것은 후회하지 않아요. 다른 업종에 비해 실패 확률이 확실히 낮을 것 같습니다.

Q 매장을 운영하면서 힘들었던 점은요?

A 모든 자영업자가 같이 느끼겠지만 휴일이 없다는 것 아닐까요? 쉬는 날에는 매출이 발생하지 않다 보니 열심히 나와서 일해야죠.

Q 죽메이드는 사용하기 어떤가요?

A 없으면 안 될 만큼 정말 편리합니다. 이 많은 죽을 직접 손으로 매일 쒀야 한다고 생각하니까 끔찍하네요.

Q 우리 매장만의 특색과 자랑할 것을 얘기해주세요!

A 깨알 같은 자랑을 하고 싶지만 제가 겸손한지라 참겠습니다. 꾸준한 매출 정도가 저희 매장의 가장 큰 자랑이 아닐까요?

Q 향후 매출에 대한 계획이 있다면 무엇인가요?

A 이유식 낱개 판매를 해보면 어떨까요? 요즘 아파트에 일일장터가 많이 서는데, 다방면으로 매출 활성화를 위해 생각 좀 해봐야 할 것 같아요.

Q 맛깔참죽 예비 창업자들을 위한 조언 한마디 부탁드립니다.

A 어느 죽과 비교해도 맛으로는 뒤지지 않습니다. 믿고 해보세요. 맛있으면 실패 없으리라 생각됩니다!

Q 맛깔참죽 본사에 바라는 점 말해주세요~!

A 지금처럼 앞으로도 신선한 물류의 제공을 부탁드립니다.

더운 날씨에도 열심히 매장을 운영하고 있는 점주님! 고객 한 분 한 분에게 정성스럽게 메뉴를 만들어서 제공하는 기본기를 철저히 한 덕분일까? 오픈 후 매출 감소 없이 꾸준한 매출을 유지하는 비결이라고 생각된다.

퍼줘라! 고객이 만족하면 장사는 저절로 – 목동 선병원점

오픈한 지 약 1년간 노력한 결과 빠른 시간 안에 자리를 잡은 대전 목동 선병원점. 그 비결이 무엇일까? 바로 고객 중심 서비스이다. 조금 덜 남더라도 더 퍼주자! 고객이 만족할 때까지 최선을 다해!

Q 죽 전문점을 생각하게 된 이유가 무엇인가요?

A 유행이 없는 음식점이란 이유가 가장 매력적이었으며, 장기간을 두고 운영 시 꾸준한 단골이 확보될 것이라는 확신이 있었습니다. 또 건강을 생각하는 웰빙음식이기에 주류를 팔지 않아도 되므로 고객층이 점잖을 것 같더라고요. 마음에 확신이 없고 고민스러웠을 때 한번 체험이라도 해보고 싶어서 탄방 우리병원점 점주님께 말씀드리고 약 2주 정도 아르바이트를 하고 나니 확신이 들더라고요!

Q 맛깔참죽을 선택하게 된 계기는 무엇인가요?

A 생소한 브랜드였지만 홈페이지와 직접 방문했던 매장에서 깨끗한 이미지가 느껴졌고 좋은 재료를 사용하는 부분도 신뢰감이 들었습니다! 계약도 하지 않은 상황에서 본사 대표님이 미팅 시 차분하게 설명해주고 충분히 고민할 수 있도록 배려해준 부분이 더욱 믿음직스러웠습니다.

Q 창업한 후 좋았던 점과 실제 창업 느낌은 어떤가요?

A 본사 교육 시 '맛깔참죽'을 선택하길 참 잘했다고 느꼈습니다. 깨끗한 물류시설과 주방시설 그리고 가족 같은 푸근한 분위기의 직원들을 보니까 마

음이 놓이더라고요. 여러 가지 면에서 꼭 알아야 할 부분들을 알려주었기에 큰 어려움 없이 창업한 것 같습니다.

Q 창업하면서 만족스러운 부분들이 많았나보네요! 힘들었던 점은 없나요?

A 특별히 힘들었던 점은 없지만 한 가지를 꼽자면 고객들의 '고정관념'이 제일 힘들더라고요. 예를 들어 껌 하면 '롯데껌' 하듯이 죽 하면 'O죽'만 고집하는 분들이 아주 많다는 것이었어요. 대신 맛을 보고 "아! 맛깔참죽이 훨씬 맛있네" 하며 칭찬해주면서 다음에 또 방문해주면 감사하고 뿌듯한 기분이 듭니다. 맛깔참죽이라는 브랜드에 도움이 돼야겠다는 연대의식까지 생기더라고요. 까다로운 고객들도 단골집을 바꾸었다며 계속 오시고 죽이 맛있다며 돌솥 뚝배기밥과 이유식을 제외한 모든 죽을 다 드신 고객님까지 생겼습니다.

Q 죽메이드는 사용하기 어떤가요?

A 한마디로 말하면 '짱'입니다! 정말 좋을 때 쓰는 표현이 저절로 나오는 감사한 기계입니다. 여러 가지 일을 동시다발로 할 수 있어서 정말 편합니다. 월급 안 받고 도와주는 이모님이 한 분 더 계신다는 생각이 듭니다.

Q 쌀눈 쌀에 대한 반응은 어떤가요?

A 아무 생각 없이 오신 분들에게 타 죽집과 다른 점을 물어보면 꼭 설명을 드리는데, 고객들의 반응보다 더 중요한 건 쌀눈 쌀은 맛깔참죽이라는 브

랜드를 자신 있게 말해줄 수 있는 자부심입니다. 가맹점주들에게 훨씬 도움이 되다는 생각이 듭니다. 우리 맛깔참죽만의 '프라이드'라고나 할까요?

Q 맛깔참죽 예비 창업자들을 위한 조언 한마디 부탁드립니다.

A 대박이나 한방을 원하는 분들은 많이 고민하세요. 직접 몸으로 부딪쳐서 경험해보세요! 이왕이면 맛깔참죽 매장에서 온종일 한 달이라도 경험해보시고 힘들었지만 계속 머릿속에 생각이 맴돈다면 진지하게 상담을 받아보세요. 누구나(초보도) 할 수 있는 일이지만 아무나 할 수 있는 일은 아닌 것 같아요. '내 몸은 편하게 카운터에만, 힘든 일은 직원에게' 이런 생각은 곤란해요. 제가 먼저 나가서 더욱 열심히 하고 고객 응대를 하면 더욱 좋은 효과가 나오더라고요! 다 결정하였으면 창업비용은 어떤 식으로 할 것인지 계획을 세우고 자신 있게 도전하세요.

Q 마지막으로 맛깔참죽 본사에 바라는 점 있나요?

A 지금도 충분히 믿음직한 착한 '갑'이라고 생각합니다. 앞으로도 변하지 않고 지금처럼 따뜻한 '갑'이 되어주세요. 본사와 가맹점 간의 '신뢰'를 중요하게 생각해주시는 것 외에 나머지는 본사를 믿고 따라가겠습니다. 아참 저희 매장 배달도 됩니다. 배달 홍보해주세요. 두 그릇 이상 주문하면 친절하게 배달해드립니다. 연락주세요.

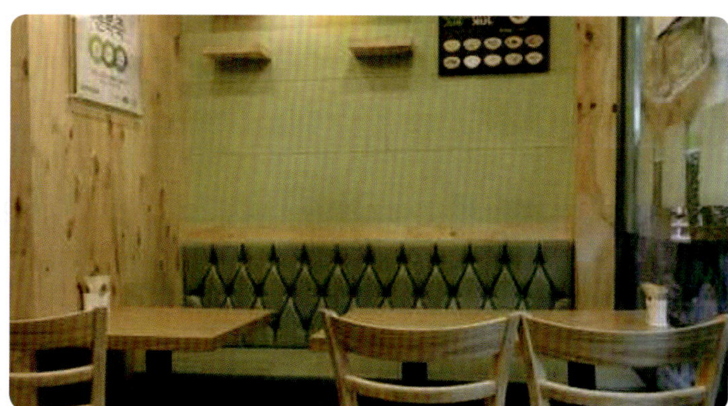

"30대의 부부 창업! 새로운 도전이 조금은 낯설지만 그래도 열심히 해보려고요. 서울 TOP 매출 매장이 되는 그날까지!"

서울에는 여러 곳에 맛깔참죽 매장이 있다. 하지만 구로 쪽에는 우리 매장이 없어서 항상 아쉬웠는데, 이번에 맛깔참죽 남구로역점이 오픈했다. 가장 맛있는 남구로역 죽집!

맛깔참죽 남구로역점은 30대의 사장님 부부가 운영하는데, 훈남 · 훈녀란 말이 두 사장님에게 딱 해당되는 말이 아닌가 싶다.

사장님은 그랜드 오픈 당일 비가 생각보다 많이 와서 걱정이 되었다. 그래도 '오픈 날에 비가 오면 대박이 난다'라는 전설이 있어 내심 위안을 삼으면서 손님맞이를 준비했다. 오픈 당일에는 전 메뉴 20% 할인 행사를 진행했다.

비가 오는데도 정말 많은 분들이 방문했다. 친절한 사장님이 손님맞이와 함께 서빙까지 해주니 고객 분들이 더욱 편리하게 식사를 할 수 있었다.

아늑한 실내와 은은한 조명!! 정말 내 집 같은 편안한 분위기 속에서 식사가 가능하다. 사장님의 센스가 묻어나는 음악도 나와서 분위기 업 된다.

5년 운영 매장 리뉴얼로 리프레쉬 하에 재오픈 – 명지전문대점

맛깔참죽 리프레쉬(Refresh) 1기 명지전문대점!

무더운 여름~ 매출은 안 나오고 걱정되죠? 이번에 소개할 매장은 오픈 5년 차가 되어가는 서울 명지전문대 맞은편에 있는 명지전문대점이다. 이곳 주변은 항상 학생들로 가득하다. 매출 활성화를 위한 진단 차 맛깔참죽 본사 마케팅 담당 직원이 극비리에 매장을 방문했다.

매장을 방문하니 입구부터 전면까지 모든 부분이 포스터로 잔뜩 붙어 있다. 아무래도 매장이 오래되다 보니 선팅 색상이 바래서 임시로 저렇게 해둔 것 같다. 매장 옆 측면 부분도 덕지덕지 여왕의 꽃 포스터로 도배되어 있다. 어떻게 하면 좋을지 한참 고민하다가 참벗은 큰 결단을 내렸다. 사실 쉬운 일은 아니지만 외부를 최신으로 변경하고 좀 더 깔끔한 이미지를 더해서 고객들에게 다가가게 하고 싶었다.

　오늘 작업을 해줄 업체 사장님이다. 잔뜩 붙어 있던 포스터들와 선팅을 제거하고 있다. 5년간 붙어 있던 선팅이 하나둘씩 제거되어 깔끔한 매장을 보게 되니 저까지 기분 좋아졌다. 이제 제거를 했으니 다시 하나씩 작업을 해야겠죠? It's Real Juk MATKKAL CHAM JUK! 맛깔참죽 컬러인 그린 색상의 띠를 큼지막하고 잘 보이게 부착했다. 멀리서도 잘 보이겠죠!

　하나둘씩 작업이 되어가고 있다. 벽에는 맛깔참죽의 장점들을 쭉 나열해 봤다. 맛깔참죽에만 있는 다른 죽 전문점과의 차별점이다. 일찍 끝날 것 같던 작업이 생각보다 오래 걸려서 해가 점점 떨어지고 있다. 저도 힘내서 작업을 도왔다.

　드디어 전면 작업이 완료되었다. 작업이 마무리되자마자 손님이 들어온다. 좋은 예감이 든다. 밤새 누군가 주차하다가 박고 도망가서 금간

측면 유리도 이번 기회에 전부 새것으로 교체하고 작업을 실시했다. 앞에는 주차로 인한 유리 파손을 방지하기 위해 안전봉도 설치했다.

기존에는 선팅과 포스터로 인해 매장 밖이 안 보였으나, 이번에 선팅을 깔끔하게 실시하여 고객들이 홀에서 식사하는 도중에도 매장 밖을 볼 수 있다. 좀 더 넓어 보이는 효과도 있고 깔끔한 이미지를 준다.

모든 작업이 완료되어 사장님이 어닝을 조절하면서 정리하고 있다. 다시 한 번 신장개업을 한 느낌으로! 사장님과 함께 매출 활성화를 위해 최선을 다해보자고 다짐했다. 이번 리뉴얼 시공은 매장 활성화를 위해 본사 비용으로 진행되었으며, 앞으로도 분기별로 매장을 선정하여 맛깔참죽 리프레쉬 시스템을 적용할 예정이다.

죽 전문점 유일의 3無정책 착한FC 맛깔참죽(無로열티, 無인테리어강요, 無강제폐점). 맛깔참죽과 함께 맛깔 나는 창업 어떤가요?

착한 죽집! 경쟁력으로 매출이 꾸준하죠 – 아산터미널점

"터미널 주변 최고의 죽집이 되고 싶어요." 항상 고객에게 친절한 미소로 응대하며 오픈 후 늘 꾸준한 매출을 올리고 있는 맛깔참죽 아산터미널점 사장님을 만나봤다.

Q 사장님, 안녕하세요! 오랜만에 뵙네요. 이제 오픈한 지 1년 반 정도 된 것 같은데, 죽 전문점 창업을 생각하게 된 이유는 무엇인가요?

A 남편이 죽을 좋아해서 점심시간에 자주 죽집을 다녔답니다. 죽을 좋아하는 남편 덕에 죽집까지 차려버린 거 같아요.

Q 맛깔참죽을 선택하게 된 계기는 무엇인가요?

A 'O죽', '△죽'이나 맛깔참죽을 자주 이용하던 중 맛이 월등히 좋다고 생각되었어요. 입맛에 실증을 자주 느끼는 남편도 맛깔참죽의 맛은 높이 평가하며 칭찬을 아끼지 않더라고요.

Q 창업한 후 좋았던 점과 실제 창업 느낌은 어떤가요?

A 화학조미료를 사용하지 않고 자극적이지 않아서 죽 필요성을 느끼는 분들로부터 좋은 말씀(맛있고 깔끔하다)을 자주 들을 때 보람을 느껴요. 착한 맛집이라고 바라봐주시는 것 같아 기분이 좋습니다.

Q 힘들었던 점도 있을 텐데요. 어느 부분이 가장 힘들었나요?

A 메뉴 종류가 많아서인지 소소한 일들이 끊임없이 있어서 하루가 피곤하더라고요. 다른 음식점과는 다른 죽집 특성 때문인지 식사시간 구분이 없고 손님이 오는 시간대도 불규칙적이라서 쉴 시간이 별로 없다고 느껴지더라고요.

Q 죽메이드는 사용하기 어떤가요?

A 죽을 끓이는 데 80% 이상 도움을 받는다고 생각합니다. 죽메이드를 돌리는 동안 죽 주문이 들어오면 기분이 좋아요. 단 조금 신경 써준다면, 죽메이드를 조금 더 쉽게 분리해서 삶고 닦고 세척할 수 있도록 업그레이드했으면 좋겠어요. 본사에서 더욱 연구 좀 해주셨으면 합니다.

Q 쌀눈 쌀에 대한 반응은 어떤가요?

A 개인적으로 파는 입장에선 쌀눈 쌀까지 신경 썼다는 점에서 회사에 대한 신뢰와 자부심이 있어요. 죽을 먹는 뒤끝에 쌀눈 같은 것이 씹히는 느낌이 상당히 맛깔스럽게 느껴집니다. 작은 부분이지만 죽을 다시 먹고 싶게 하는 중요한 요인 중 하나라고 생각해요.

Q 우리 매장만의 특색과 자랑을 홍보 좀 해주세요.

A 노인복지관, 장애인복지관, 애육원 같은 곳에 후원할 일이 생기면 언제든 기꺼이 죽으로 후원할 수 있어서 행복합니다. 쿠폰제를 사용하는데, 안 챙

거 오신 분들에게는 영수증에다 쿠폰 도장을 찍어 드리며 꼼꼼히 챙기시도록
권유합니다. 오신 분들이 친절로 기분 좋아지도록 노력하고 있답니다.

Ⓠ 향후 매출에 대한 계획이 있다면 무엇인가요?.

Ⓐ 현수막으로 사용할 수 있는 시안이나 문구 있으면 만들어 매장 앞에 붙
여두고 싶습니다. 내용을 짜임새 있게 만들어 지나치기 쉬운 매장 앞에 붙여
두어 이미지 광고를 더 하고 싶은데, 내용은 본사 도움을 받고 싶어요.

Ⓠ 알겠습니다. 사장님! 저희도 더 열심히 연구해보도록 하겠습니다. 맛깔참죽 예비 창
업자들을 위한 조언 한마디 부탁드립니다.

Ⓐ MSG를 사용하지 않아 몸에 좋고 맛도 좋아 일단 드셔보시면 재구매율
100%라고 생각합니다. 유행을 타는 음식점과 같지 않고, 본사에 대한 믿음
도 있으며, 큰돈은 벌지 못하지만 꾸준히 오래하면 할수록 잘 될 거라 확신합
니다.

Ⓠ 맛깔참죽 본사에 바라는 것은 무엇인가요?

Ⓐ 쌀눈 쌀 계속 현재 것으로 유지되었으면 합니다. 미역이 들어가는 메뉴
개발도 부탁드렸으면 하구요. 소고기미역죽이 나오면 정말 좋을 것 같아요!

돌솥 뚝배기밥도 배달해드려요! – 분평점

돌솥 뚝배기밥도 배달할 수 있다! 맛깔참죽 분평점의 사례이다.

돌솥 뚝배기밥 배달 시행

- 죽 용기에 자체 돌솥 뚝배기밥 메뉴 포장해 배달
- 고객 배달 주문 시 미리 섞어서 죽 용기에 배달한다고 사전 동의 구함
- 죽과 함께 돌솥 뚝배기밥 배달을 통해 고객 편의성 제공
- 홀 전용 돌솥 뚝배기밥 메뉴를 전략상품으로 구성해 매출 증대 효과

죽 용기에 담긴 돌솥 뚝배기밥

"돌솥 뚝배기밥은 배달상품으로 적용하기가 쉽지 않은 메뉴이지만 고객의 편의를 위해 나름 고민하다가 미리 비벼서 죽 용기에 포장해 제공하게 되었어요. 의외로 고객 반응이 좋아서 매출에 도움이 되는 것 같아요!"

생존율이 높은 여성 창업 아이템

'국내 자영업자들의 73.2%가 창업한 지 5년 만에 폐업으로 내몰리고 있다.' (SBS 방송 중에서)

고수익으로 현혹하는 반짝 유행 아이템보다 생존율이 높은 창업이 중요함을 보여주는 수치이다. 장사 경험이 없는 사람들에게 창업 결정은 인생의 중요한 터닝 포인트일 것이다. 특히 직장인이나 전업주부인 여성에게 창업 아이템의 선정은 더 어렵다.

호프집을 운영하는 여사장님의 애기를 들어보면 술 취한 고객을 상대하는 것이 힘들다고 한다. 가족이 보기에도 좋으면서 안정적으로 고정 매출이 나오는 아이템이면 더할 나위 없을 것이다.

여기 자매가 함께 프랜차이즈 창업으로 즐겁게 일하는 가게인 맛깔참죽 청주 용암점 여사장님들의 도전사례를 소개한다.

Q 창업 계기는 무엇입니까?

A 창업 전 동생은 유치원 선생님이었고 둘 다 언젠가는 경영을 하고 싶다는 뜻이 있었습니다. 그래서 제가 먼저 경험을 쌓고자 지금 이 가게에서 아르바이트를 하게 되었습니다. 죽메이드로 죽 끓이는 게 신기하고 재미있어서 일하다 보니 어느새 1년이 되었더군요.

Q 지금 이 가게는 양수받으신 건가요?

A 1년의 경험으로 확신이 생겨 다른 아이템 고민 없이 이 브랜드로 창업 결심을 했습니다. 그래서 신규 오픈을 위해 중심가 상권을 알아보던 중이었는데, 용암점 사장님께서 제게 양수를 제안하셨습니다. 그 당시 사장님은 20대 후반 남자 분으로 젊은 시절을 또 다르게 보내고 싶어 하셨기 때문이었습니다. 용암점은 뒷골목 상권이라 잠깐 고민했었지만 고정 매출을 알고 있었기에 안심하고 인수 결정을 했습니다.

Q 인수받은 지 1년 정도 되었는데, 현재 판단은 어떠세요?

A 주변이 원룸촌이고 아파트 단지는 조금 멀리 있습니다. 그러나 단골고객이 많아졌고 심지어 차로 20분 거리에 있는 분들도 일부러 찾아오십니다. 상권도 중요하지만 음식점은 맛과 서비스가 더 중요한 것 같습니다. 지금까지 손님한테 맛없다는 소리를 못 들어봤습니다. 중심가에 비해 월세가 훨씬 저렴하고 집이 가까워서 오히려 더 좋습니다.

Q 뒷골목 상권임에도 불구하고 단골고객 확보는 어떻게 하셨나요?
A 한 번 오신 손님들은 거의 단골이 됩니다.

친절한 관심
동생이 유치원 선생님을 했어서 그런지 싹싹하고 친절합니다. 아이와 어른

모두에게 관심을 갖고 대화를 합니다. 그래서 동생은 서빙과 배달을, 저는 주방과 주문을 맡았습니다.

여성의 안심 배달 서비스

또 아이들과 잘 친해지니 엄마들과 유대관계가 좋아졌습니다. 워킹맘들은 여자가 배달하니 안심하고 혼자 있는 아이를 위해 죽 배달을 주문하십니다. 동생이 항상 앞치마를 두른 채 경차로 배달해드립니다. 문자로 계좌번호와 배달 여부를 알려드리다 보니 이제는 핸드폰으로 주문 올 때가 많습니다.

맞춤 서비스

아기가 아프다고 하면 어떤 증상인지 물어보고 참기름 양을 줄인다든지 해서 맞춤으로 해드리려고 노력합니다. 이유식이면 아기 개월 수를 꼭 확인해서 양념 선택을 하고 더 곱게 갈아서 드립니다. 엄마들이 이런 죽집 처음 봤다면서 좋아하시더라고요. 매장을 방문하신 어른들이 아파보일 때에도 증상을 여쭤보고 그에 맞는 죽을 추천해드립니다. 또 고객 특징을 기억해서 따로 메모해놓고 차후 주문할 때 관심을 갖고 물어봅니다.

Q 맛깔참죽의 장단점은 무엇인가요?

A 대표적인 것만 말한다면 이렇습니다.

안전한 재료와 맛

우리 가족에게도 먹일 수 있다는 게 가장 큰 장점입니다. 본사에서 받는 육수로 집에서 칼국수를 만들고 다른 국을 끓일 때에도 사용합니다. 손님들에게도 자신 있게 다른 죽집과 비교해보라고 말합니다. 가족과 손님에게 음식으로 당당할 수 있어서 매우 좋습니다.

얼마 전에 고객이 본의 아니게 다른 브랜드 죽과 비교했던 일화가 있습니다. 아이가 치과 치료로 죽을 먹어야 했던 상황인데, 엄마가 저희 단골이라 소고기야채죽을 사가셨습니다. 그런데 같은 날 할머니가 손자를 위해 다른 브랜드 죽집에서 소고기야채죽을 사서 방문하셨던 겁니다. 다음날 할머니가 저희 매장에 일부러 오셔서 이런 말을 하셨습니다. "채소 등 재료를 비교했는데, 좋은 죽을 맛있게 만들어줘서 고마워요"라고 말입니다. 한번은 엄마랑 병원을 갔다 온 아이가 있었는데, 그 아이가 "아파서 좋은 점도 있네~. 맛깔참죽에 오니까"라고 말하는 거였습니다. 이런 고객 평가를 들을 때 정말 기분 좋고 뿌듯합니다. 그래서 다른 죽 브랜드는 신경 안 씁니다.

죽메이드의 편리함

죽메이드가 있어 인건비를 줄여서 좋고 죽을 끓이면서 다른 일을 병행할 수 있어서 좋습니다. 손님이 몰릴 때에는 쌓이는 설거지와 죽 조리로 정신없는데, 맛을 일정하게 유지시켜 주니 걱정 없이 죽메이드를 돌려놓고 동시에 다른 일을 합니다. 여자는 멀티 플레이어가 되잖아요.

단점은 배달의 어려움

물론 배달 서비스를 안 하는 매장도 있지만 고객의 상황을 생각하면 안 할 수가 없어요. 여자이다 보니 경차로 배달하는데, 손님이 많을 때에는 마음이 급해 사고 위험도 느끼곤 합니다. 그래서 붐비는 시간에 주문하실 때에는 양해를 구합니다. 이제는 그런 부분을 많이 이해해주세요~. 저 또한 서두르는 마음보단 안전 운전을 하도록 노력해야겠죠.

Q 매출이 궁금합니다.

A 저희 매장 앞에는 보건소, 우체국 등 관공서가 있지만 저녁 칼퇴근과 주말 비근무로 주위가 한산합니다. 오히려 길 건너 원룸촌과 아파트 단지에서 오시는 손님이 많습니다. 좋은 상권이 아님에도 불구하고 하루 평균 50만원이 나옵니다. 물론 이 금액은 평균이고 더 낮게 나올 때도 있습니다. 혹자는 대박 매출을 원하곤 하지만 전 죽이란 아이템이 안정적이어서 좋습니다. 초반에는 손님이 없으면 불안도 했지만 이제는 걱정 안 합니다. 한 달 평균을 계산했을 때 매출이 고정적이라는 것을 아니까요.

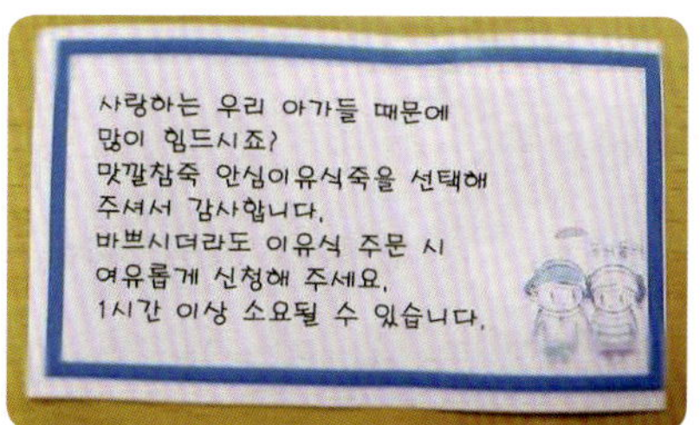

직접 만든 프린트 안내문

음식을 기다리는 고객을 위해 테이블마다
책을 배치해둔 작은 배려

Q 마지막으로 외식 프랜차이즈 창업을 고민하고 계신 예비 창업주들에게 한마디 해 주세요.

A 본사에서 말하는 상권 추천만 믿지 말았으면 해요. 아무리 아파트 몇 천 세대가 있고 번화가라도 본인이 발품을 팔아 얻는 정보가 필요합니다. 용 암점 인수 전 동생과 함께 타 브랜드와의 비교분석을 해본 것은 물론 위치에 따른 고정비용과 매출까지 산출해보았습니다. 또 프랜차이즈 본사의 강압, 횡포, 로열티 요구를 계약 전 체크하였습니다. 장사 경험도 거의 없는데 본사 때문에 스트레스 받으면 오랜 기간 가게를 운영하기가 힘들어집니다. 맛깔참 죽 본사는 옆에서 지켜보면서 든든하게 지원해주니 편안하고 만족합니다.

인터뷰 내내 미소로 대답하고 밝은 웃음이 끊이지 않던 두 사장님을 보니 제가 손님이라도 단골이 될 수밖에 없겠다는 생각이 들었습니다.

죽집의 경쟁력

앞선 경쟁력으로 장수창업

chapter 8

맛있는 죽! 맛깔참죽 맛의 비결

가장 맛있는 죽.

맛깔참죽 죽이 맛있다고 칭찬해주는 고객들이 참 많다. 맛깔참죽 맛의 비결은 무엇일까? 맛깔참죽만이 가지고 있는 답이 있다.

1. 바로 육수의 비밀!

맛깔참죽의 육수에는 MSG(화학조미료)를 첨가하지 않는다. 그런데 어떻게 깔끔하면서도 감칠맛이 날까? 그것이 바로 맛깔참죽 육수의 노하우이다. 각종 야채 등 주요 식재료를 이용해서 재료 자체의 깊은 맛을 잘 우려내어 진한 국물을 낸다. 모든 식재료를 공개할 수는 없지만 천연 재료로 죽맛을 좌우하는 육수를 맛있고도 건강하게 만든다.

아기 이유식 같은 경우에도 화학조미료를 쓰지 않고 친환경 쌀을 사용하기 때문에 더 안심할 수 있다. 이유식죽에 MSG가 포함되어 있지 않다는 인증서도 있다.

MSG 무첨가에 친환경 쌀로 조리하는 안심 이유식죽

맛깔참죽 안심 이유식죽

- 화학조미료 MSG가 첨가되어 있지 않다.

- 친환경 쌀 & 현미가 들어 있다.

- 다양한 건강 재료가 포함되어 있다. (호박, 당근, 표고버섯, 미역, 연두부)

- 기호에 따라 3가지 선택이 가능하다. (소고기, 닭가슴살, 게살, 흰살생선, 새우, 생참치
  살)

- 만들어놓은 이유식 NO, 즉석조리 이유식죽이다.

2. 완도산 전복이 내장까지 들어 있으니까!

죽의 황제는 단연 전복죽이다. 전복죽은 병후 회복식 또는 보양식으로 많
이 찾는다. 건강을 위해 먹는 전복죽이니만큼 전복 자체가 좋아야 함은 물론

이다. 맛깔참죽의 전복죽은 바로 완도산 전복으로 만들고 내장도 함께 들어가서 초록빛이 난다. 우리 바다에서 나는 전복으로 전복죽을 만들고 전복 내장까지 들어가니까 건강에 더 좋은 것은 당연하다.

완도산 전복, 내장과 친환경 쌀로 만든 건강 메뉴
전복한마리죽

3. 조리의 내공!

죽을 맛있게 만드는 방법 중의 하나가 바로 조리할 때 죽을 많이 저어주는 것이다. 죽은 많이 저어줄수록 쌀 고유의 전분이 잘 풀어져 나와서 더 맛있다. 따라서 죽을 쑬 때에는 골고루 잘~ 저어주어야 한다. 맛깔참죽에는 맛깔참죽만 보유하고 있는 특허 받은 자동 죽 조리기 죽메이드가 있어서 더 맛있고 편리한 죽 조리가 가능하다. 또 죽메이드는 죽을 자동으로 저어서 조리해주기 때문에 초보 창업자도 쉽고 간편하게 죽을 맛있게 조리할 수 있다.

아울러 맛살참죽에서 죽은 푸느 시스넴을 통해 원죽 형태의 팩으로 공납되기 때문에 이 원죽과 각종 재료를 넣어 쉽게 죽을 만들 수 있다. 원죽은 직영 물류와 직영 식품공장에서 좋은 품질로 공급하고 있다.

불황에도 자동 죽 조리기 '죽메이드'로 살아남아

음식점 사장님들이 불황에도 살아남을 수 있는 방법을 두드림창업연구소 박민구 소장은 다음과 같이 말한다.

불황에는 장사가 없듯 매출액은 예전만 못하고 나가는 비용은 올라서 장사하기 힘들다는 음식점 사장님들의 아우성이 이만저만이 아니다. 새로 문을 여는 음식점 대비 문을 닫는 음식점이 80%에 이를 정도로 문제가 심각하고 개선될 가능성도 별로 높지 않다. 선진국 대비 적게는 2~3배, 많게는 10배 가까이 경쟁률이 치열한 탓도 있지만 효율적인 점포 운영을 하지 못한 탓도 크다.

실제로 통계청에서 발표한 서비스업 통계를 보면 음식점의 경영수지가 얼마나 나빠졌는지를 쉽게 알 수 있다. 2006년부터 5년간 매출액은 37% 증가한 반면, 영업이익률은 오히려 8.9%p 감소했다. 주된 이유로는 원가율의 증가, 임대료의 상승, 인건비의 상승 등이 꼽힌다. 문제는 업종별로 차이가 커서 일부 업종은 팔아도 남지 않는 악순환을 거듭하고 있다는 것이다.

결국 외형적인 성장보다 점포 운영의 효율을 높여야 살아남을 수 있다는 점을 여실히 보여주고 있다. 장사가 안 된다고 함부로 원가를 낮추고 인건비를 낮추게 되면 음식의 질과 서비스 품질이 떨어지는데, 이렇게 되면 고객 만족도가 떨어져 다시 매출이 감소하는 악순환이 반복된다. 좋은 선택은 아니다. 결국 조리 과정의 효율화, 서비스의 표준화와 메뉴의 전문화만이 살길이다.

불황에도 높은 수익을 올릴 수 있는 방법은 없을까? 자동 죽 조리기 죽메이드로 인건비를 확 줄인 맛깔참죽은 불황에도 장사가 잘되는 성공사례로 꼽힌다. 죽 전문점이 창업 시장에 진입한 10년 전만 해도 죽집은 초보 창업자가 쉽게 할 수 있는 음식점, 수익성도 안정적인 업종으로 알려졌었다. 하지만 지금은 예전만 못한 것이 사실이다. 죽 쑤는 부담 등 인력관리와 인건비가 만만치 않은 것이다. 특히 웰빙음식의 특성 상 좋은 재료를 사용하다 보니 결국 줄일 곳은 인건비밖에 없는 형국이다. 인건비를 줄이면 종업원을 고용하지 않고 주인이 홀과 주방을 동시에 맡게 되는데, 이렇게 되면 음식 맛도 떨어지고 양질의 서비스를 기대하기는 더더욱 어렵다.

더군다나 죽은 특성상 완성되기 전까지 계속해서 사람이 저어주어야 하기 때문에 주방 일의 부담이 상대적으로 큰 편이다. 결국 매출이 떨어졌다고 해서 사람을 쉽게 줄일 수도 없는 형국이다.

맛깔참죽 죽메이드는 죽 쑤는 부담을 대폭 줄이고 쉽게 죽을 쑤는 시스템이다. 손으로 일일이 저어주지 않아도 시간 맞춰서 죽을 자동으로 저어주기 때문에 일손이 크게 줄 뿐만 아니라 죽맛도 일정하게 유지될 수 있다는 장점을 갖고 있다. 매장을 방문할 때마다 힘들게 죽을 쑤는 모습이 너무 안쓰러워 죽메이드를 개발하게 되었다는 맛깔참죽 이상화 대표는 "특히 요즘처럼 경기도 어렵고 사람도 구하기 어려운 시기에는 죽메이드가 효자노릇을 톡톡히 하고 있다.”고 한다. “나가는 비용이 줄다 보니 완도산 국산 전복을 사용하고 있고 MSG 없이 감칠맛을 낸 맛있는 죽을 고객에게 제공할 수 있어서 가맹점주와 고객 모두에게 호평을 받고 있다”고 덧붙였다.

자동 죽 조리기인 죽메이드로 맛있는 죽을 쑤는 모습

가맹점이 살아야 본부가 살아남는다는 진정한 의미를 실천하고자 노력하는 이상화 대표는 다른 죽집에서 죽메이드를 판매해달라고 하는 유혹에도 흔들리지 않았다고 한다. 오로지 가맹점의 매출과 영업이익을 올리는 데 한순간도 게을리 하지 않겠다는 다부진 각오를 다지고 있다.

출처: 두드림창업연구소 소장 / 상명대학교 경영대학원 외래교수 박민구 글

맛깔참죽 직원은 모두 명함이 2개이다

이번에 맛깔참죽은 슈퍼바이저 업무 명함을 슈퍼바이저가 아니라도 모두 추가로 만들었다. 그럼 대표에서 사원까지 슈퍼바이저 명함을 왜 추가로 만들었을까? 우리의 최우선 고객은 맛깔참죽 사장님들이다. 바로 우리의 VIP 고객인 사장님들에게 최우선으로 다가가고 더 좋은 슈퍼바이징 서비스를 제공하자는 의지를 다짐하고자 만들었다.

점포 매출 활성화, 점포 운영 코칭, 영업에 도움이 되는 정보 제공, 신 메뉴 개발 등을 위해 전사적으로 사장님들에게 집중하고 밀착 서비스하기 위함이다.

대표도 직접 사장님들의 얘기를 더 많이 듣고자 점포를 방문하고자 한다. 가맹본부장도 점포 활성화와 원활한 커뮤니케이션을 위해 사장님들을 만날 것이다. 마케팅 담당자도 점포 홍보와 마케팅을 위해 사장님들을 현장에서 만나고 아이디어를 낼 것이다.

물류 담당자도 품질 좋은 물류 배송 등 향상된 서비스를 위해 단지 배송에 그치지 않고 더 많은 대화와 장사 정보로 도움이 되도록 노력할 것이다. 내부에서 일하는 경리회계 담당자도 수시로 전화해서 사장님들의 점포 운영에 도움이 되도록 할 것이다. 맛깔푸드에서 물류를 생산하는 담당자도 더 좋은 품질을 위해 필요시 접촉하도록 노력할 것이다. 물론 매장을 담당하는 기존 슈퍼바이저 인력으로 지금보다 더 많이 뛰도록 할 것이다. 사장님들의 장사가

잘되어야 본사도 함께 잘된다. 이 어려운 시기에 좀 더 분발하고 노력하는 본
사가 될 것이다.

사장님들도 좀 더 장사가 잘되도록 최선을 다하고 본사의 정책과 마케팅
에도 적극 협력해서 전국의 맛깔참죽이 표준화된 시스템으로 브랜드 파워가
더 높아지도록 함께 노력을 기울였으면 한다.

 **맛깔참죽 창업 컨설팅 노하우로 창업한다**

창업 시장, 지금 필요한 것은 무엇일까?

"어렵다, 어려워." 이미 창업한 사람들, 창업을 준비하는 사람들, 직장인, 주부 및 학생 할 것 없이 모두 한 번씩 하는 말이다. 경기가 세계적으로는 물론 우리나라도 어려워지면서 자영업자들의 어려움도 커지고 있다. 물론 주원인은 소비심리 위축에 따른 매출 하락과 인건비 상승이다. 무엇보다 부부 창업자나 가족 노동력을 활용해 가게를 운영하고자 하는 생계 목적형 자영업자에게 더욱 큰 어려움으로 다가오고 있다.

그렇다면 이런 창업 시장에 출구는 없을까?

강한 창업가 정신과 철저한 준비가 필요하다. 자영업은 말 그대로 스스로 영업을 하는 것이기 때문에 창업자의 역량이나 마인드가 성패를 좌우한다. 즉 소비자의 심리를 파악하고 적극적인 홍보 전략을 세워야 하며 서비스의 질을 높여야 한다. 그러나 초보 창업자나 주부 창업자가 처음부터 어떻게 시작해야 할지, 어떻게 조사해야 할지, 요즘의 홍보 전략은 무엇인지, 어떤 서비스를 제공해야 할지 알기란 어려운 일이다.

맛깔참죽의 창업 컨설팅 노하우

맛깔참죽은 지난 1999년부터 그간 5,000건이 넘는 음식점 창업 컨설팅 경험으로 음식점 창업자의 마음을 이해하면서 창업자의 경영 마인드를 알려주고 있다. 또 죽 전문점 창업의 10여년 노하우를 토대로 창업해주고 있다. 맛깔

상권분석 시스템으로 시장분석을 통해 위치 선정부터 메뉴 구성까지 매출 극대화의 방법을 치밀하게 지원해준다.

또 창업자 여러분의 창업가 마인드 업그레이드를 위해 프로그램과 교육을 통해 고민들을 해결해주고 있다. 카멜레온처럼 변하는 창업 환경에서 체계적인 시장분석과 힘이 되는 마케팅 지원을 제공하는 맛깔참죽이라면 성공이 훨씬 가까워질 것이다.

죽 전문점 창업 시 막연히 인지도가 높고 매장 수가 많다는 기준으로 선택하지 말고 몇 가지 확인해서 브랜드를 선택하도록 한다.

1. 죽이 맛있고 건강한 죽을 제공하는지 확인하고 선택한다.

죽이 정말 맛있다고 고객들로부터 평가를 받는지, 아픈 환자가 먹는 회복식이거나 손님이 자신의 몸을 생각해서 먹는 웰빙죽인데 진짜 건강까지 고려한 식재료를 사용하는지 확인한다. 맛깔참죽이 얼마나 맛있는지는 가까운 맛깔참죽 매장에서 또는 인터넷상의 시식후기나 평가 글을 통해 확인할 수 있다. MSG를 첨가하지 않고도 감칠맛을 내고 완도산 전복, 쌀의 핵심 영양이 들어 있는 쌀눈 쌀과 친환경 쌀로 조리하기 때문이다.

2. 직영점, 직영 물류와 직영 죽 제조공장의 통합으로 안정적인 시스템이 갖추어져 있는지 확인한다.

흔히 프랜차이즈는 가맹 영업에만 초점을 맞추다 보니 대부분 물류나 제조는 외부에 아웃소싱한다. 제대로 직영 시스템을 갖추기가 쉽지 않은 것이 현실이다. 그래서 안정적인 품질관리나 물류배송 관리 등 점주와 점포에 대한 서비스가 부족할 수밖에 없다. 맛깔참죽은 직영점 죽집, 직영 물류센터와 직영 죽 제조공장을 갖추어 제대로 된 가맹 지원 시스템으로 점주의 영업을 위해 서비스 및 서포팅하고 있다.

3. 개점 시에만 반짝 지원하는지 아니면 지속적인 지점관리를 통해 점주 영업을
   지원하는지 확인한다.

개점 영업에만 포커스를 두는 회사는 개점 이후에는 나 몰라라 할 수 있다. 지속적으로 영업 활성화를 위해 슈퍼바이징을 실시하고 컨설팅을 제공하기가 쉽지 않을 수도 있다. 어쩌다 방문해도 로열티를 걷기 위한 정도일 수도 있다. 맛깔참죽에는 동네 1등 죽집 홍보 마케팅 노하우, 100일 영업 활성화 프로그램과 부진 점포 활성화 프로그램 및 노하우가 있다.

4. 전문 슈퍼바이저가 있어 밀착 관리하는지 확인한다.

맛깔참죽에서는 매장의 점검, 진단, 마케팅 및 영업 활성화를 담당하는 전문 슈퍼바이저, 맛을 점검하고 알려주는 조리바이저, 물류 품질 및 배송 등 물류관리를 해주는 물류바이저 등이 역할별로 매장관리를 해준다. 또 24시간 '퀵 리스판스' 체계로 최대한 신속 대응을 원칙으로 한다.

5. 창업 견적을 제시할 때 창업비용 외 특히 추가 비용의 제시가 정확한지 확인한다.

창업을 진행하다 보면 흔히 정해진 표준화된 금액 외에 추가 공사비용이 발생할 수도 있다. 외부 데크나 어닝 같은 아웃테리어, 전기 승압이나 건물적인 추가 공사, 에어컨이나 온수기 같은 냉난방기기 등으로 인해 추가 비용이 들어갈 수도 있다. 먼저 기본 금액을 쉽게 제시하고 추가 금액은 나중에 거품 낀 금액으로 제시하는 경우도 있다. 미리 추가 금액도 꼭 확인하고 그 금액을 거품 없이 정확하게 제시하는 회사를 선택하도록 한다.

6. 메뉴 및 물류 개발과 시스템 업그레이드를 지속적으로 실시하는지 확인한다.

맛깔참죽은 고객 반응을 토대로 신 메뉴를 개발하고 특정 고객층을 겨냥한 메뉴를 개발하여 적용하고 있다. 또 점주들이 편하게 조리하도록 좋은 품질의 물류 아이템을 지속적으로 개발해서 적용하고 있다.

7. 영업직원의 전문성과 신뢰성을 확인한다.

영업 계약에만 신경 쓰다 보면 상권을 대충 본다든지 무조건 점포가 좋다고 하는 얘기에 현혹된다든지 할 수도 있다. 영업직원이 체계적인 상권분석과 정확한 제시를 통해 신뢰할 만한 정보를 제공하는 전문성을 갖추고 있는지 확인한다. 또 영업을 위해 경쟁사를 비방하거나 허위 정보로 매도하는 도덕성이 결여된 영업직원이라면 문제가 있다. 영업직원이 경쟁력, 전문성, 시스템 등의 가치로 승부하는 건전한 태도를 가지고 있는지 확인한다. 언제든지 치고 빠지는 오더맨 영업직원을 믿고 거래하면 낭패를 볼 수도 있다. 맛깔참죽에서는 창업에 관심이 있는 고객에게 첫 상담은 대표가 담당하기도 한다. 또 상권도 대표가 확인해서 판단한다. 물론 창업 진행은 각자 역할을 맡은 직원이 담당하지만, 첫 상담과 상권 판단에 대표가 직접 나서는 것은 그만큼 책임 있게 창업을 진행하려는 노력의 일환이다.

8. 초보 창업자도 경험 없는 사람도 쉽고 편하게 점포를 운영할 수 있는 시스템이 갖추어져 있는지 확인한다.

음식점은 아침 10시부터 저녁까지 약 11~12시간 많은 노동을 요하는 직업군이다. 오래오래 건강을 지키면서 여유롭게 운영하려면 조리도 쉽고 운영도 편해야 한다. 그렇지 않으면 힘들 수밖에 없다. 맛깔참죽에는 죽을 골고루 저어주는 죽메이드 시스템이 있어서 편하게 조리할 수 있고 원팩화된 물류 시스템이 있어서 죽 조리와 운영이 훨씬 편리하다.

9. 안심할 수 있는 회사인지 확인한다.

맛깔참죽은 1999년 창업해서 그간 창업의 길잡이가 되어준 회사이다. 중기청장상 등 수상 경험도 몇 차례 있고 2015년, 2016년 연속해서 중기청 우수 프랜차이즈 브랜드로 지정된 회사이다. 안심하고 창업해도 되는 믿을 만한 회사이다. 껍데기만 있는 영업조직의 가맹 본사 사무실만 갖춘 회사가 아니라 직영점, 직영 물류센터, 직영 죽 제조공장 등 안정적인 시스템을 갖춘 기반이 탄탄한 회사이다.

10. 죽과 창업에 전문성이 있는 회사인지 확인한다.

맛깔참죽의 ㈜맛깔은 1999년 음식점창업컨설팅 회사로 출발하여 지금까지 많은 창업자에게 도움을 주었다. 맛을 개발하고 적용하는 맛 전수 경험도 풍부하다. 또 2004년에 시작하여 2005년부터 본격적으로 오로지 죽 전문점을 창업시켜 주면서 축적된 전문성 및 컨설팅 노하우가 많다.

11. 폐점률을 확인해보고 창업한다.

2014년 10월 국감자료에서 음식점 창업을 한 식당들이 1년 만에 약 50% 정도가 폐업한다는 안타까운 사실이 공개됐다. 애써 많은 돈을 들여 창업했는데 참으로 안타까운 일이다. 폐점을 안 할 수는 없지만 폐점률이 낮아 오래오래 운영할 수 있는 프랜차이즈 브랜드를 선택하도록 한다. 일부 브랜드는 많이 오픈시켜 주면서 폐점률이 매우 높다. 맛깔참죽에서도 안타깝지만 폐점이 일부 있다. 하지만 2014년도에 폐점한 점주들이 창업 시점부터 폐점까지 점포를 유지한 개월 수를 확인해보니 71개월로 약 6년 정도 운영하고 그만둔 것으로 나타났다. 운영할 만큼 운영하고 폐점했다는 얘기이다. 그만큼 맛깔참죽은 오래 유지되는 안심 창업 브랜드이다. 모두가 연 수익 1억, 가맹점 수 늘리기 등 외형 성장만을 추구할 때 맛깔참죽은 폐업하지 않는 가맹점을 만들기 위해 그간 꾸준히 노력해왔기 때문이다.

12. 착한 프랜차이즈 정책을 펼치는 회사인지 확인한다.

종종 프랜차이즈 본사가 횡포를 부리는 일부 안 좋은 사례가 있다. 무리하게 인테리어 리모델링을 강요하거나 무리한 정책으로 폐점을 강제하는 등 일부 창업자들에게 부당한 갑의 횡포를 부리는 일부 대기업 프랜차이즈 회사나, 시스템을 갖추지 못한 일부 신생 회사나, 지킬 수 없는 과한 약속을 하는 함량 미달의 본사가 있을 수도 있다. 그러나 맛깔참죽은 3무정책으로 점주에게 무리한 요구를 하지 않는다. 즉 '로열티 없습니다. 강제폐점 없습니다. 인테리어 등 시설 강요 없습니다.'로 점주가 안정적으로 장사하도록 상생의 착한 정책을 고집하고 있다. 딱 한 가지 요구사항은 물류를 정확하게 사용해야 한다는 것이다. 그래야 맛도 지키고 가맹점의 통일성도 유지해서 브랜드 파워도 올라가고 본사도 사는 윈윈이 되기 때문이다. 물론 물류도 35%의 식재료 비율 범위 내에서 착한 가격으로 공급해주고 있다.